La Veine

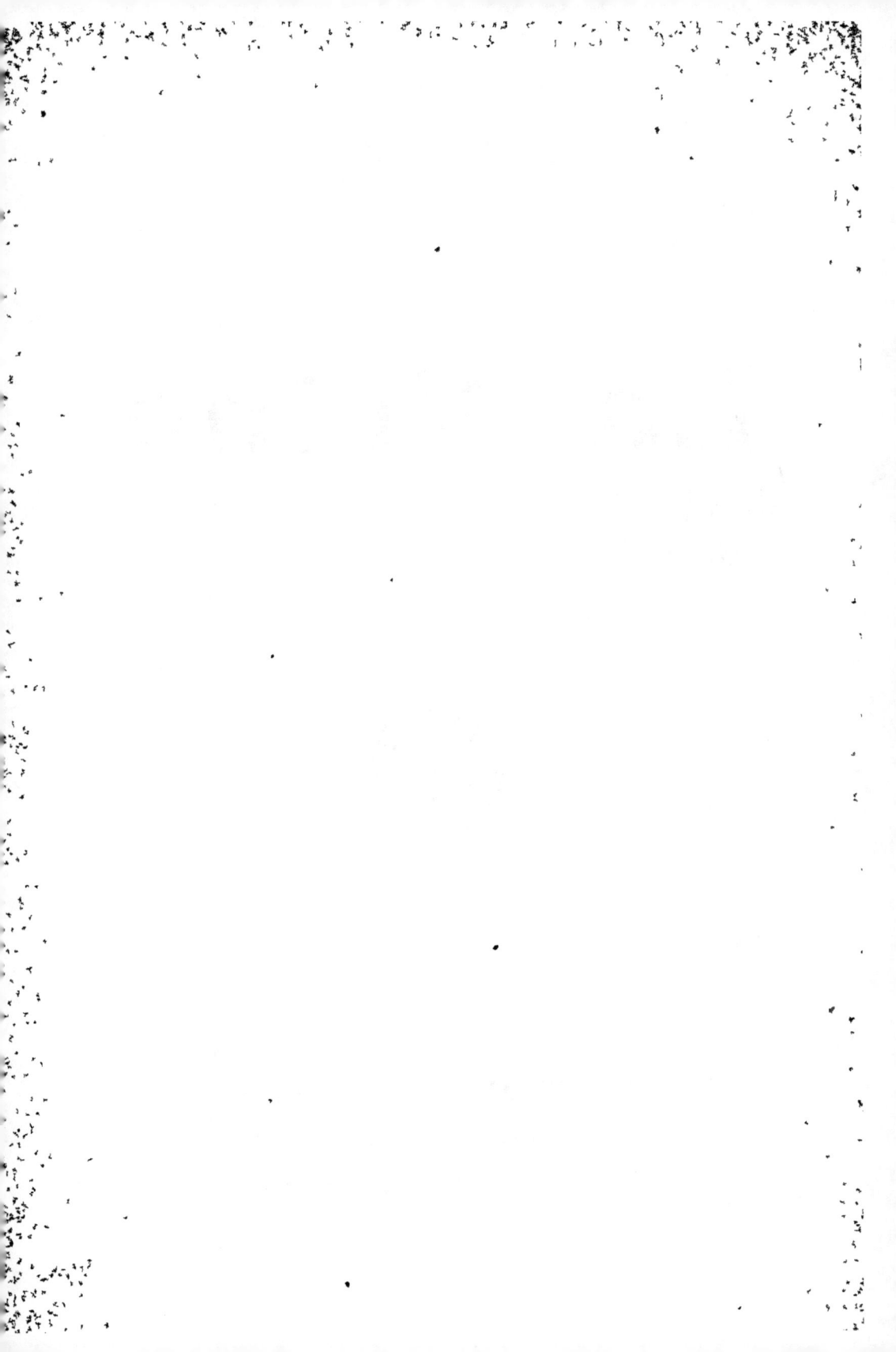

L. CHARLEY

La Veine

ÉDITIONS NILSSON

73, BOULEVARD SAINT-MICHEL, 73

PARIS

CHAPITRE PREMIER

Qu'est-ce que la veine?

La croyance en la veine est un reste de la superstition qui fait vivre obscurément dans l'âme des hommes l'idée de la fatalité.

Ceux qui se croient en proie à l'empire de la veine se la représentent volontiers comme une puissance obscure, mais prédominante.

Ils lui accordent le pouvoir de contraindre les événements à se plier aux lois d'une destinée dont les arrêts sont inscrits au grand livre de l'avenir.

Avoir la veine signifie pour eux voir arriver sans peine l'accomplissement de leurs souhaits.

C'est encore participer aux biens que dispense un événement aussi heureux qu'immérité, sans avoir produit l'effort qui doit le faire naître.

La veine consiste dans l'avènement inopiné d'un fait favorable.

C'est aussi l'apparition d'une des solutions que l'on attend, sans pouvoir d'une façon précise en déterminer l'issue.

Le hasard revêt parfois d'une façon si frappante l'aspect d'un élément, d'une intelligence, que nombre de gens l'affublent d'une personnalité apparente à laquelle ils ont attaché un nom.

Ils aiment à se représenter la veine sous les traits d'une divinité souriante, mais capricieuse et fantasque, qu'un rien effarouche, qui fuit avec une désolante facilité et revient avec peine sous ses pas.

Ils la croient aveugle et l'accusent fréquemment de partialité, lorsqu'elle semble s'occuper de leurs voisins.

Mais si c'est vers eux qu'elle se tourne, ils reconnaissent rarement sa présence.

De la part de quelques-uns, cet aveuglement feint est encore de la superstition.

Avouer qu'on est visité par la veine est considéré par les gens superstitieux comme une bravade vis-à-vis de la destinée.

Ils prétendent que la constatation du bonheur suffit pour éveiller les forces mauvaises sommeillant dans les choses.

C'est pourquoi il est fréquent de voir nier la veine à ceux qui cependant devraient en célébrer les bienfaits.

Nous avons, tout à l'heure, prononcé le mot bonheur; il est très souvent employé pour désigner la veine, mais il ne rend pas toujours la pensée qui s'attache au succès inattendu.

Le mot veine a plusieurs synonymes dont les principaux sont :

La chance ;

Le bonheur ;

La fortune.

Il est des circonstances où ils peuvent être employés indifféremment ; pourtant ils n'ont pas toujours la même signification et il est des cas où l'un ne peut être substitué à l'autre, sans nuire à l'idée que l'on veut émettre.

La chance emprunte son nom à un terme de jeu de dés ; il vient de *chéance* (action de choir) qui désignait le point que marque le dé en tombant.

Il est presque synonyme de veine lorsqu'il est employé dans l'acception favorable.

On dira indifféremment : « J'ai eu beaucoup de veine » ou : « J'ai eu beaucoup de chance », en voulant indiquer qu'on a participé à d'heureux événements.

On dira d'un homme auquel tout réussit : « Il a une chance insolente », ou : « Il a une veine insolente. »

Mais si l'on peut dire : il a de mauvaises chances de réussite, on ne pourra déclarer : il a de mauvaises veines.

Le mot veine ne s'applique que dans l'affirmative.

On dira : « Il a eu de la *veine* de réussir cette affaire qui avait toutes sortes de *chances* d'échouer. »

Mais on ne dira pas : « Il a eu de la chance de réussir cette affaire qui avait toutes sortes de *veines* d'échouer. »

La chance représente une alternative.

Elle peut être favorable ou contraire.

La veine ne peut être que bienfaisante.

La chance et la veine sont le résultat d'un événement qui eût pu se produire d'une façon toute
différente ou même d'une façon tout à fait opposée.

Cet événement comportait deux chances : une
bonne, une mauvaise, et l'exclusion de cette dernière en faveur de la première constitue ce qu'on
appelle : la Veine.

Il n'y a pas deux veines : il y a *la Veine*.

Cette expression est peut-être employée un
peu plus familièrement que le mot chance, mais
dans le sens favorable elle éveille les mêmes idées.

On a eu la chance ou la veine d'arriver à propos.

On a eu la chance ou la veine de rencontrer
un ami.

Employé au pluriel, le mot chance ne peut
pas être remplacé par celui de veine, car il renferme un doute ou des probabilités :

Si l'on dit : « cet homme a des chances de
réussir », cela signifie : cet homme pourrait bien
réussir, mais il pourrait aussi échouer ; on ne
pourrait dire : cet homme a des *veines* de réussir.

Mais on dira : Il a eu la chance (ou la veine)
de réussir, parce que la phrase ne contient aucune incertitude.

La chance au pluriel parle d'espoir.

La veine ne parle jamais que de réalisation.

Elle n'exprime pas de crainte ; c'est pourquoi

elle désigne toujours un état passé ou présent, mais jamais l'avenir.

La représentation de la veine est une image plus précise, plus brutale de la manifestation du hasard heureux.

L'idée de chance s'applique à des probabilités et à des calculs.

On dira : « Je ne sais si je réussirai, je vais en courir la chance. »

Cela équivaut à dire : « Il y a autant de raisons qui plaident en faveur de la réussite qu'il y en a de contraires. »

Si la réalisation est venue donner la prépondérance aux influences favorables, on dira volontiers : « J'ai eu la veine de réussir. »

Les gens superstitieux appliquent le mot veine à la survenue de circonstances que la volonté n'a pas provoquées ; ils excluent systématiquement l'habileté pour donner toute la place au hasard.

Le bonheur, au contraire, s'il admet aussi la réussite amenée par des circonstances aussi heureuses que fortuites, comporte également l'idée des joies découlant de l'adresse qui les a fait naître.

Si l'on dit de quelqu'un : « Il a beaucoup de bonheur dans ses entreprises », on n'entend pas suggérer que ses efforts n'aient été pour rien dans leur heureux achèvement.

Cette appréciation est souvent la constatation du couronnement de l'assiduité, de la sagacité et du raisonnement, aidés par la bienfaisante puissance des événements dont ces vertus ont hâté la production.

Le mot bonheur, comme celui de veine, ne s'emploie que dans le sens affirmatif.

Si l'on dit couramment : « J'ai eu la mauvaise chance de rencontrer tel obstacle », on ne pourra, dans la même circonstance, parler de mauvais bonheur.

Ce qualificatif ne peut s'appliquer que rarement à la veine et c'est toujours dans un sens différent.

Cette appellation de la chance fut mise en usage surtout, depuis l'engouement qui, au siècle dernier, provoqua une ruée de tous les ambitieux vers les mines d'or de la Californie.

La veine, au sens propre de l'expression, est une partie qui, dans une roche, diffère des parties voisines par sa composition.

On emploie aussi le mot filon, pour désigner une partie de matière précieuse qui, en affectant la forme d'un lacet, court au milieu d'autres matières sans valeur ou d'une nature inférieure.

Ces filons se répartissent dans la roche à la façon des veines dans le corps humain : de là l'application.

On peut creuser pendant de longs jours dans une mine sans rencontrer le filon qui représente l'objet du travail ; dès qu'on l'a trouvé, il s'agit de ne plus le perdre et de le suivre dans ses méandres ; on dit alors qu'on est tombé sur *la veine.*

Par analogie on a donc désigné la chance heureuse qui, du milieu de circonstances pénibles, se montre sous les traits d'une fortune qui pouvait se dérober toujours.

Il arrive aussi parfois que le mineur tombe sur une veine qui, à peine apparue, se perd de nouveau sans qu'il soit possible de retrouver l'indication de sa présence.

Le travailleur alors, s'épuise en inutiles efforts : il a trouvé la mauvaise veine.

Voilà pourquoi s'il n'est pas possible de parler de mauvais bonheur, on évoque volontiers la mauvaise veine comme la mauvaise chance ou la mauvaise fortune.

La fortune est souvent prise dans le sens de la destinée et on admet qu'elle soit favorable ou fâcheuse.

Mais ce mot employé sans qualificatif évoque toujours un état florissant.

Pour affirmer la richesse on dira : « Il a fait fortune », ou : « Il a eu de la veine », ou encore : « La chance a été pour lui. »

De même que le mot bonheur, on emploie ces expressions, quand elles sont dénuées de qualificatif dans le sens de réussite.

Un livre écrit avec un rare bonheur d'expression est un ouvrage dont la terminologie est choisie avec habileté.

Un tableau, une symphonie qu'on déclare avoir.
été composés avec un rare bonheur d'inspiration,
sont des œuvres que leurs auteurs ont aussi sa-
vamment conçues qu'adroitement exécutées.

On dira tout aussi bien : « Par bonheur je
suis arrivé à temps », que, dans les mêmes circonstances, on pourrait dire : Par veine.

Cependant la nuance, assez peu marquée,
existe quand même.

Arriver à temps *par bonheur*, signifie que,
malgré des circonstances qui pouvaient être contraires, on est parvenu à se trouver au bon moment là où il fallait être.

Arriver à temps *par veine* implique l'idée que
le hasard seul a provoqué la venue à l'endroit
et à l'instant mêmes où cette présence pouvait
être profitable.

Par bonheur pourrait être traduit ainsi : « par
suite de circonstances aussi heureuses qu'elles
étaient peu certaines. »

Par veine veut dire : « par suite de circonstances aussi heureuses qu'inattendues. »

La même différence existe entre le bonheur
et la veine d'inspiration.

Le bonheur d'inspiration évoque l'idée d'une
ambiance favorable, dans laquelle l'imagination
se complaît assez pour rayonner et influencer
de la façon souhaitée.

La veine d'inspiration est un état qui peut être
plus fugitif; il est aussi plus parfait et les œu-

vres exécutées dans une veine d'inspiration se distinguent de tous ceux du même auteur par une veine et une perfection qui leur sont propres.

Nous avons dit plus haut que le mot veine ne pouvait que rarement être employé dans un sens fâcheux ; cela vient peut-être de ce que le vocabulaire est riche de mots indiquant l'état contraire.

Si la mauvaise veine indique plutôt l'erreur, les efforts mal dirigés ou faussement orientés, la *déveine* marque clairement la perte d'un espoir légitime, qu'un hasard imprévu est venu anéantir.

On donne le nom de déveinards à ceux que la chance contraire visite trop souvent ou à ceux auxquels rien ne réussit.

Dans le même esprit, on leur donnera encore le nom de guignards.

Cette appellation vient de « guignon » qui signifie malchance. Le *guignon* cependant éveille l'idée d'un état plus constant que la *déveine*.

On emploiera plutôt le mot déveine pour parler d'un revers inattendu et on désignera par guignon une série de circonstances, qui toutes semblent être assemblées par une divinité malfaisante.

La déveine concerne de préférence un seul événement, lorsque le mot est employé ainsi qu'il suit : « Il a eu de la déveine. »

Lorsqu'il indique la continuité, le terme s'emploie surtout au présent.

Être en *déveine*, c'est voir échouer tout ce

qu'on était en droit de voir réussir, par la faute
d'événements que rien ne pouvait faire prévoir
et dont, par conséquent il était impossible de
prévenir les désastreux effets.

Être en déveine, c'est se trouver dans la situation d'un homme, qui, désireux de baigner
ses pieds endoloris dans l'écume de la vague,
voit les flots se retirer dès qu'il s'avance et constate avec dépit que leurs ondulations n'atteignent
que la place où il n'est pas, ou celle qu'il vient
de quitter.

Le mot être en *guigne* peint le même état.

Cette appellation est tirée du mot guignon, qui
ne s'emploie plus guère.

Par analogie, l'esprit parisien a fait de cette
expression un jeu de mots qui désigne la déveine,
sous le nom générique de l'espèce de fruits dans
lesquels se classe la guigne.

Dans les milieux où l'on se préoccupe davantage du style pittoresque que de l'expression aca-
démique, on nomme la déveine la Cerise, rappelant ainsi que la guigne est un dérivé de la cerise.

Des poètes l'ont désignée sous le nom de :
« Déesse aux yeux caves » ; d'autres en parlent
comme d'une femme « au visage verdâtre ».

L'argot des faubourgs, avec la science innée
de l'image qui caractérise la formation de ce
langage, la classe sous le nom de : La Collante,
par extension : La poisse.

Ces désignations indiquent, du reste, la tendance générale à l'erreur qui montre la déveine comme un monstre s'acharnant après la même proie, tandis que la veine réserve ses sourires pour certains hommes qui n'ont rien fait pour se concilier ses bonnes grâces.

Ces deux croyances sont aussi erronées l'une que l'autre.

C'est en s'y attachant que l'on néglige de cultiver les qualités d'énergie, nécessaires à mettre en œuvre pour arriver à dompter les circonstances contraires.

Celui qui se croit marqué par la mauvaise chance et se décerne à lui-même les épithètes de déveinard ou de guignard est bien près de dire la vérité, sinon en ce qui concerne la disgrâce chimérique dont il se croit atteint, du moins quant à ce qui regarde la réussite de ses entreprises.

La Veine est rarement l'effet d'un hasard pur.

Elle est presque toujours le résultat d'une foule de circonstances que l'habileté a préparées et que la persévérance a produites.

On ne peut pas toujours connaître la somme de vouloir, de prudence et de prévoyance, dépensée par ceux que l'on nomme des veinards.

Le hasard n'est pas le souverain maître de la destinée ; il est gouverné par des puissances qui dominent la sienne, et la Veine, si caractérisée qu'elle soit, n'est souvent que le résultat d'une lente et patiente préparation.

C'est une cause obscure que l'on veut attribuer à un fait qui, cependant, n'est pas indépendant de toute cause volontaire.

C'est l'explication commode de l'événement dont on ne cherche pas à distinguer sérieusesement la cause réelle.

Si l'on remontait à la source de ce que l'on qualifie « la Veine », on s'apercevrait très souvent qu'elle n'est que la conclusion d'un concours de circonstances que la volonté — consciente ou non — a déterminées.

On peut donc, à la classification donnée au début de ce chapitre, ajouter les commentaires suivants :

Si la veine exclut toute idée d'intention, elle ne peut être que le produit du hasard et doit être regardée comme ondoyante et diverse, ainsi qu'il l'est lui-même.

Il ne pourrait donc être question d'êtres marqués par la mauvaise chance, d'une façon perpétuelle.

Les *déveinards* ou les *guignards* n'ont alors aucune raison d'être qualifiés ainsi.

Soutenir le contraire, serait prétendre comme aux temps antiques, que l'homme subit un destin immuable.

Or cette opinion qui était déjà néfaste à cette époque, deviendrait de nos jours la faillite de toute tentative généreuse et l'abolition de tout désir d'amélioration.

Le monde appartient à ceux qui savent le conquérir et n'admettent l'existence de la veine que comme celle d'une divinité capricieuse dont il est sage de nier le suprême pouvoir, quoiqu'il soit prudent de faire en sorte de mériter ses faveurs.

CHAPITRE II

Aide-toi, la *Veine* t'aidera

Il est un principe qu'il serait bon de graver en lettres d'or dans tous les lieux d'enseignement publics.

« Autant l'aide que l'on attend du hasard peut être précaire, autant celle qui vient de nous est efficace et durable. »

L'appel à la Veine n'est trop souvent que l'invocation des faibles et des paresseux, désireux de voir accomplir par le hasard la besogne qu'ils n'ont pas le courage d'effectuer eux-mêmes.

Les circonstances, si l'on veut sérieusement en étudier la genèse, sont bien moins le fait d'une veine ou d'un guignon aveugle, que le résultat d'une série d'incidents créés par la force individuelle, jointe à la volonté de les faire naître.

Ceux qui savent convier la bonne foi à leurs observations s'apercevront presque toujours que ce qu'ils ont qualifié de veine, en enviant le sort de ceux auxquels ce bonheur était échu, n'était la plupart du temps que la conséquence forcée d'un état de choses dès longtemps préparé.

Ils s'apercevront que le désir de concourir à l'apparition de la veine, en produisant des résolutions convergeant toutes vers cette même pensée, ont amené la formation d'une ambiance, propre à l'accueillir dès qu'on la verrait poindre.

Quelque heureux que puisse être un hasard, si nous nous contentons de le laisser se produire il ne s'installera jamais à demeure.

La veine est une visiteuse qui tombe rarement chez ceux qui n'ont pas su lui préparer un logis digne d'elle.

Elle est semblable à ce voyageur symbolique dont parle un vieux conte allemand :

« Un jour d'orage, de pauvres paysans virent un homme opulent entrer pour se mettre à l'abri dans leur misérable cabane.

« Eblouis par le luxe de ses bijoux et la magnificence de ses armes, ils ne surent que se réjouir de l'honneur qu'il leur faisait.

« De plus ce voyageur traînait après lui des bagages contenant des provisions délicates dont il leur permit de se délecter.

« Ils y prirent tant de plaisir qu'ils en oublièrent les devoirs de l'hospitalité.

« L'amour des bonnes choses et la paresse aidant, ils négligèrent d'attiser pour lui le feu de l'âtre et le laissèrent grelotter dans ses habits mouillés.

« Voyant ceci, le voyageur rassembla ses bagages, et, malgré la pluie diluvienne, partit pour ne plus revenir.

« Mais les paysans avaient des voisins avisés.

« Apercevant l'étranger de loin, ils se hâtèrent de jeter des sarments dans l'âtre et lui offrirent en souriant de venir se réconforter chez eux.

« Ils s'empressèrent autour de lui et ne consentirent à se régaler des provisions qu'il apportait qu'après avoir assuré le bien-être de leur hôte.

« Revivifié par les flammes joyeuses et le cœur touché de cet accueil délicat, le voyageur prisa la douceur qui se dégageait des âmes et des choses.

« Il ne repartit point le lendemain comme il en avait eu l'intention, il prolongea son séjour et ne se remit en route qu'après avoir par ses largesses présentes et par des engagements solennels, assuré la fortune de ses aimables hôtes. »

Si l'on veut bien comprendre la philosophie qui se dégage de ce conte, on admettra que les premiers paysans avaient été les plus favorisés, puisque c'était à leur porte que la fortune, sous les traits du voyageur, était venue d'abord frapper.

La Veine est semblable à ce voyageur.

Elle n'admet pas qu'on profite de ses dons sans chercher à les mériter.

Elle délaisse rapidement ceux qui se contentent de jouir de ses bienfaits, sans s'appliquer à les augmenter par l'activité, les soins et l'intelligence.

Aussi ces derniers ne doivent-ils s'en prendre qu'à eux si, négligée chez eux, elle les quitte pour s'installer chez le voisin, plus énergique et plus avisé.

Les gens dont on dit : « Ils sont arrivés », sont toujours ceux qui ont su payer de leur personne sans baser leur espoir sur la production d'un événement heureux, à l'apparition duquel leur mérite personnel ne concourrait en rien.

Ceux qui comptent d'abord sur eux-mêmes avant de désirer l'intervention de la veine sont infiniment plus certains d'en ressentir les effets que les indolents, dont l'effort cérébral se borne à désirer la production d'une circonstance fortuite.

Jouir du succès sans se préoccuper des soins qui le fait naître ! c'est le vœu ardent de tous les incapables et de tous ceux au cœur desquels l'énergie fait défaut.

On ne saurait assez le répéter : La veine est surtout une collaboratrice, dont les gens adroits savent par des sacrifices intelligents s'assurer le concours.

Elle n'est que rarement productrice unique, et ses œuvres, lorsqu'elle se trouve réduite à sa seule puissance, ne sont jamais durables.

C'est une capricieuse qu'il faut savoir attirer

d'abord, retenir ensuite par tous les moyens, même par la force.

Pour l'empêcher de fuir, les résolutions prévoyantes et l'énergie individuelle sont d'un plus puissant effet que la vertu du hasard, dont les fantaisies doivent être redoutées par tous les esprits sains et bien équilibrés.

Il est un proverbe bien connu, qui, dans sa concision à la fois naïve et imagée, indique la nécessité de participer par ses efforts à la production de la veine, et de chercher surtout à provoquer la continuité de ses manifestations.

« Ce qui vient au son de la flûte s'en va au son du tambour ».

Cela équivaut à dire que le bonheur qui survient d'une façon inopinée, la veine qui arrive sans qu'on ait rien fait pour la conquérir ne s'attardent guère là où ils se posent un instant.

Un caprice les a amenés, une fantaisie les emporte.

Un son de flûte les avait fait surgir, le bruit de tambour sollicite leur curiosité et ils s'envolent sans esprit de retour, vers ce bruit nouveau dont la perception leur deviendra bientôt fastidieuse, du reste.

On a remarqué, en effet, que les fortunes soudaines, celles qui n'ont pas été conquises par le mérite ou l'activité, s'écroulent plus aisément que les autres.

La raison en est facile à saisir :

Celui qui ne connaît point la valeur de l'effort, ne peut attacher au succès le même prix que s'il y avait dévoué toute une période de son existence.

La lenteur et les difficultés des recherches donnent plus de prix aux réalisations.

On néglige volontiers les solutions que l'on sait trop faciles, pour s'attarder à découvrir celles qui semblent se dérober.

Est-il besoin de rééditer la raison de l'offre et de la demande ?

Il est des choses jolies et fort désirables, dont la valeur marchande est nulle parce qu'elles existent en quantité trop nombreuse et que la certitude de les posséder au moment où on les désirera empêche de songer à les acquérir d'avance.

Les gens auxquels une fortune est échue par le fait de circonstances indépendantes de leur volonté, savent rarement la garder et encore moins la faire fructifier.

Ils se laissent griser par la rapidité et la facilité de la possession et négligent d'accomplir aucun effort pour aider cette veine qu'ils ont accueillie comme un tribut dû à leur propre mérite.

Il n'en va pas de même pour ceux qui ont conquis leur fortune par les divers moyens que l'industrie humaine met à la portée des gens actifs.

Ils se rappellent les privations qui ont précédé l'acquisition de la première épargne ; aussi chaque pièce de monnaie est-elle pour eux un souvenir parlant.

Le premier billet de mille francs, qu'ils ont pu distraire des sommes nécessaires à leur entretien, marque une date dans leur existence ; et ils se souviennent, non sans attendrissement, du jour où il leur fut permis de penser à la possibilité d'un âge mûr, délivré des soucis matériels et consacré à l'étude de nobles projets, dont la réalisation viendrait nimber leur vieillesse de gloire ou de sérénité.

Aussi se gardent-ils bien de mésuser de la fortune ; c'est en se ressouvenant de tous les efforts effectués pour se la rendre favorable qu'ils s'affermissent dans la résolution de multiplier les soins apportés à sa conservation.

Le rappel des espoirs, des déconvenues et des luttes passées leur fait redouter le retour de semblables alternatives, et, s'il leur est impossible de prévoir la déveine, ils s'organisent tout au moins de façon à en neutraliser les effets.

La veine, si grande pusse-t-elle être, ne sera véritablement efficace qui si elle est appuyée par l'activité qui la maintient.

Elle n'aime pas à être prise pour dupe et ne favorise pas, d'une façon continue tout au moins, celui qui ne sait pas la seconder par une collaboration réelle.

Elle a horreur des maladroits et des paresseux et se détourne très vite de ceux dont l'esprit léger ne lui apporte aucun soutien.

La diversité de ses formes est parfois décevante et il arrive que les gens avisés seulement la reconnaissent sous certains aspects.

Les hommes superficiels n'aperçoivent pas toujours le parti qu'il leur serait possible de tirer des événements et ils restent spectateurs indifférents de ceux qui pourraient, s'ils savaient y aider, devenir pour eux des agents de prospérité.

Ils sont nombreux les rêveurs cherchant à emmagasiner le soleil et s'imaginant avoir conquis ses rayons, lorsqu'ils les ont emprisonnés dans le vase qu'ils illuminent.

Hélas ! l'hiver venu, ils grelottent devant le vide de leur foyer, car les bienheureux rayons ont disparu au moment où ils pensaient les recueillir.

Mais ceux dont l'esprit délié ne recule pas devant une collaboration active, pensent plus profondément.

Ils reconnaissent la force calorique des rayons et apportent à cette puissance le concours de leur industrie, pour en tirer le meilleur parti.

Les uns plantent des arbres qui, vivifiés par le soleil, deviendront les éléments de ces joyeuses flambées, devant lesquelles la famille réunie goûte les joies du bien-être physique, alliées à celles de la confiance et de la sécurité des affections.

D'autres accueillent les clairs et chauds rayons dans des serres où les fleurs rares, écloses par la vertu de leur travail et de l'action du soleil, deviendront pour eux les éléments d'un gain certain, dispensateur des douceurs de l'existence.

De plus savants en tirent encore un parti plus considérable pour leur gloire et pour l'enseignement de tous.

Sans coopération, la veine peut être considérée comme un état passager ou une circonstance isolée, qui s'est produite sans cause et n'a aucun motif de se renouveler.

Il est même des cas où l'intervention de la veine peut être néfaste.

Si elle se montre au début d'une carrière, si une circonstance que rien ne pouvait faire prévoir, ouvre d'un coup toute grande la porte du succès sans qu'on ait à en chercher le mécanisme, il y a de fortes raisons pour craindre que cette facilité ait une influence fâcheuse sur l'avenir de celui en faveur de qui elle s'est produite.

Entré sans coup férir dans une place que tant d'autres assiègent pendant de longs mois, il ignorera toujours les difficultés du commencement, et grisé par la réussite initiale, il se cabrera devant le premier obstacle.

Ne connaissant point les embarras du début, il sera moins tenté de persévérer et il envisagera sans peine l'idée d'un but tout différent de celui qu'il devrait poursuivre.

Celui qui, au contraire, a dû lutter contre les incertitudes et les complexités hérissant presque chaque début, regardera chaque pas en avant comme une conquête, et chaque réalisation sera capitalisée en vue de la réussite suprême.

On a vu encore des gens rendre grâces à la déveine et quoique ceci semble entièrement paradoxal, il est cependant facile de comprendre leur impression, si l'on veut bien se donner la peine de l'analyser.

Sur certaines natures apathiques, la déveine peut avoir de précieux effets.

La nécessité de réagir, l'obligation de s'arracher aux douceurs du farniente, en créant le besoin de l'activité, vivifie l'énergie individuelle qui, trop souvent, pendant l'heureuse fortune, sommeille au cœur de celui qui, par suite d'un trop complaisant concours de circonstances, a senti s'amollir en lui le désir d'initiative.

Or, ne pas progresser c'est reculer.

Il ne peut pas compter sur l'intervention constante de la veine celui qui, se trouvant satisfait du sort qu'un hasard heureux lui a dévolu, cesse de collaborer avec ce facteur précieux et prétend jouir sans préoccupations des faveurs qu'il lui dispense.

Un soir que la Tagliani sortait de scène, toute émue de l'accueil triomphal qu'elle avait reçu du public, une petite danseuse obscure l'accueillit à sa rentrée dans les coulisses par ces mots :

— Ah ! vous en avez de la chance !

— C'est vrai, dit l'Etoile, mais aussi je la cultive tous les jours.

— Ah ! s'écria la petite très intéressée, vous avez un moyen, un talisman, peut-être...

— En effet, dit Tagliani en souriant.

— Oh ! je voudrais tant le connaître !

— Venez demain chez moi, je vous le montrerai.

Et le lendemain la petite danseuse, effarée, voyait Tagliani, après deux heures de travail acharné, tomber si complètement épuisée dans les bras de son père qui lui donnait la leçon que l'on dut la transporter sur un divan et la ranimer avec un cordial.

En rouvrant les yeux elle rencontra ceux de sa camarade :

— Vous voyez, dit-elle, voilà mon talisman : c'est le travail.

Et elle ajouta :

— Ce talisman vous possédez toutes les moyens de l'acquérir ; mais il est bien peu d'entre vous qui ayez l'énergie de le mettre en pratique.

L'histoire anecdotique ne dit pas si la leçon fut profitable, mais il est probable qu'il s'en fut pour celle qui la reçut comme pour la plupart de ceux qui la demandent.

Devant les manifestations d'une application pénible qu'ils se sentent incapables de soutenir, ils se contentent de dire :

Oh ! moi, je ne pourrais jamais!

Et ils se remettent en quête de la veine, sans vouloir s'apercevoir qu'ils agissent de façon à la rebuter.

Le désir de la veine peut être un stimulant, mais il ne doit jamais être une aspiration unique.

La veine ne vient en aide qu'à ceux qui la considèrent comme un adjuvant et non comme l'élément prépondérant.

Il n'est pas un être qui puisse dire sans se tromper : « J'ai eu la déveine toute ma vie. »

Si celui-là veut être sincère vis-à-vis de lui-même, il s'apercevra que dans maintes circonstances il aurait pu amener les événements à changer de face, s'il avait trouvé en lui le courage de de les seconder.

Il y a dans presque toutes les circonstances un côté défectueux et un autre désirable, il s'agit de savoir les distinguer afin de ne pas les subir en aveugle et d'éviter de donner la préférence à l'alternative fâcheuse sur la décision profitable.

Il s'agit encore d'aider à l'éclosion de celle-ci par des qualités de réflexion et de sagacité que seule la volonté peut produire.

L'activité morale interviendra ensuite en permettant la représentation des conséquences et précipitant les résolutions.

Comme on le voit, la part de la veine est moins considérable que maintes personnes ne seraient

tentées de le croire et il dépend de chacun de
restreindre celle des chances mauvaises en leur
opposant une résistance à la base de laquelle fleu-
rira la conviction que résume le titre de ce chapitre :

Aide-toi, la veine t'aidera.

CHAPITRE III

Les Fétiches et la veine

Tous les croyants en la vertu de la veine sont plus ou moins féticheurs.

Ils croient tous à l'influence d'une puissance mal définie, élisant domicile dans les objets les plus divers.

Pour les uns le fétiche revêt un aspect tangible ; c'est un bibelot quelconque dont la forme spéciale évoque l'idée d'une conjuration.

Telles sont les cornes de corail, si prisées en Italie. Quelques-uns prétendent que ces proéminences rappelant la conformation du chef du diable, celui-ci prend cette dévotion en considération et se garde bien de malmener ceux qui portent son emblème.

Certains de ces ornements de corail affectent la forme d'une main fermée dont l'index et l'auriculaire restent étendus.

Le principe est le même car ce geste, en langage enfantin se définit ainsi : « faire les cornes. »

Les porteurs de ces fétiches ne manquent pas, lorsqu'ils rencontrent un objet qui, d'après leur croyance, doit leur porter la déveine, de tendre au devant de la personne ou de la chose incriminées le bijou-fétiche qui, faisant les cornes au porte-malheur, ne doit pas tarder à le mettre en fuite.

Les animaux ont encore ce privilège vis-à-vis de certaines gens superstitieuses.

Il est des hommes sérieux qui n'entameront pas une affaire s'ils rencontrent un cheval blanc devant la porte de la maison où elle devait se conclure.

Si, par contre, c'est un cheval pie qui passe, ils seront prêts à accepter toutes les clauses que, sans cet incident, ils auraient âprement discutées.

On voit des gens chercher sérieusement à devenir possesseur d'un chat noir, sous le prétexte que cet animal porte la veine.

Si leurs affaires périclitent quand même, il en est qui gravement déclareront que le chat n'était pas entièrement noir et comptait dans sa sombre toison quelques fils argentés.

Le culte des grenouilles est assez répandu dans certains pays ; on en porte en breloques et on attache au meurtre d'une grenouille l'idée d'un malheur imminent.

Les paroles ont aussi, d'après les féticheurs, le don d'évoquer la déveine.

Quel est le chasseur qui se laisse dire : Bonne chance ! au départ, sans en montrer un léger dépit ?

Ce n'est pas seulement en Italie que les *Jellatore* sont redoutés.

Beaucoup de gens qui, par ailleurs, semblent très bien équilibrés, s'inquiètent de la présence d'un être auquel ils attribuent une influence maligne.

Ils disaient : « Je ne veux pas aller à cette réunion parce que j'y rencontrerais un tel *qui me porte la guigne.*

Et si malgré leur résolution ils s'y trouvent entraînés, ils ne manqueront pas de rendre le malheureux *porte-guigne* responsable de tous les ennuis qui pourraient leur incomber au cours de la journée.

Il est des êtres qui, sans qu'ils aient rien fait pour le mériter, se trouvent voués à la réprobation générale parce que des *fétichards* leur ont fait une réputation de *porte-guigne.*

D'autres fois ces observations portent sur certains gestes ou certaines remarques qu'il faut provoquer ou redouter.

Pour beaucoup la simple phrase : « Je suis heureux » est grosse de conséquences funestes.

Il en est d'autres qui n'avoueront jamais un parfait état de santé.

Ils craindraient, en se déclarant satisfaits de leur sort, d'éveiller les puissances mauvaises, qui, d'après leur croyance, veillent inassouvies autour de chacun de nous.

La plupart de ces superstitions reposent sur des coïncidences, soigneusement notées par des esprits entachés de faiblesse.

De ce que tel fait s'est produit en même temps que tel autre ou qu'il l'a suivi de près, ils déduisent que ces circonstances ont une influence réciproque et mystérieuse, qu'ils admettent, sans chercher à la comprendre.

Ce mystère détermine, chez les âmes dénuées de volonté individuelle, une poussée de foi leur faisant penser que les forces inconnues résidant en cette chose peuvent leur être favorables, s'il les vénèrent.

Or le seul moyen de leur témoigner un pieux respect est de leur accorder une importance véritable.

Les observateurs ont depuis longtemps remarqué, du reste, que le fétiche peut acquérir une certaine puissance, en raison directe de la dévotion qui s'y rattache.

Cette constatation déconcertante s'explique facilement par la confiance que donne la foi.

On cite de nombreux exemples de gens, exposés par leur métier à des dangers journaliers, bravés jusqu'alors avec succès, se troubler, perdre la tête et ne plus avoir la force d'éviter l'ac-

cident, s'ils s'aperçoivent que le fétiche qui leur
sert d'égide leur a été dérobé.

Si au contraire, ils ont la conviction que cet
objet-fée est en leur possession, ils accompliront
sans crainte les exercices les plus périlleux.

Cela pourrait paraître un peu déconcertant, si
l'on ne songeait au rôle de l'imagination chez
ceux que l'énergie morale n'habite pas.

L'impression qu'ils ressentent pourrait se dé-
composer ainsi :

> Débilité d'esprit ;
> Doute de soi ;
> Besoin d'appui ;
> Superstition ;
> Foi ;
> Influence de la foi.

Le propre de la débilité d'esprit est d'empêcher
les gens de croire en leur mérite personnel.

Ils ne connaissent pas, ou plutôt ils méconnaissent les immuables forces que chaque homme
possède en lui à l'état latent, et le sentiment de
leur fragilité les pousse à rechercher la pensée
d'une protection.

Au moment d'effectuer un acte, la défiance,
ennemie de toute initiative, leur suggère le doute
sur l'issue heureuse de ce qu'ils songent à en-
treprendre.

Le besoin d'appui grandissant en eux, ils accrochent leur espoir à tout ce qui leur semble un concours, si mystérieux soit-il.

C'est l'aurore de la superstition.

Une fois aiguillée de ce côté, l'imagination prête à tous les incidents de la vie une importance qui se double de la répétition des faits dépendants.

Il suffit que dans cet état d'esprit on ait porté sur soi un objet ne faisant point partie du bagage habituel, pour attribuer une corrélation certaine entre ce bibelot et les événements qui se sont manifestés parallèlement avec sa production.

On dit : « telle chose s'est passée le jour où j'ai mis cette bague et elle vient de se renouveler aujourd'hui ; or je ne l'avais pas portée depuis. » On pense d'abord à une coïncidence, mais le besoin d'appui qui régit tous les cœurs faibles incline à la recherche d'une protection.

Aussi, malgré soi, on passe le lendemain la bague à son doigt, dans l'espérance qu'elle hâtera la venue d'un événement heureux.

S'il se produit — et l'imagination prévenue ne manque pas de le créer, si mince soit-il — le fétiche est définitivement adopté et la superstition se mue en une foi d'autant plus sincère qu'on la sent plus absurde.

Or voilà bien des siècles qu'il a été constaté que de toutes les forces morales, celle de la foi était la plus puissante.

Elle l'est surtout chez les natures débiles qui hésitent à prendre des responsabilités, qu'elles sont heureuses de rejeter sur un autre objet, fût-il inanimé.

Mahomet faisait opérer des prodiges à ses partisans près de lâcher pied en leur assurant que mille anges combattaient avec eux.

Pour celui qui se sent envahir par la lâcheté morale, le fétiche est le concours mystérieux qui ranime le courage et donne l'énergie de continuer un combat qu'on n'est plus seul à soutenir.

Ceux dont l'éducation intellectuelle est incomplète, ou ceux, plus nombreux encore, auxquels leur veulerie morale interdit la réflexion, sont toujours impuissants à déterminer les effets dans leurs rapports avec les causes.

Remonter à la source d'un incident leur semble une besogne trop pénible ; il leur est bien plus commode de n'en voir que les résultats apparents dans les concordances qui, la plupart du temps, n'ont aucun point de ralliement.

On doit encore faire entrer en ligne de compte le besoin de merveilleux, gisant dans le cœur de tous les hommes.

L'éducation enfantine n'est pas indifférente non plus à cette tendance. Les contes de nourrice familiarisent les enfants avec les apparitions fantastiques en leur montrant de bonnes fées à la baguette magique et des génies porteurs de talismans, qui tous font irruption dans la vie des hommes aux moments les plus critiques de leur existence.

Faut-il s'étonner outre mesure que l'image déposée dans l'esprit des petits ne s'y efface pas entièrement et que, devenus hommes, ils soupirent encore après l'intervention d'une puissance occulte, porteuse de talismans, dont leur esprit prévenu leur suggérera l'inexplicable, mais — croient-ils — réelle puissance ?

Il est donc quelquefois vrai que les objets regardés comme des fétiches peuvent le devenir, grâce au peu de fermeté de volonté de celui qui les vénère.

Mais s'il y a des fétiches bienfaisants, les gens superstitieux comptent aussi des talismans funestes.

Nombreux sont les objets qui, dit-on, *portent malheur.*

Ceux qui l'assurent basent leurs assertions sur des faits qui, aux yeux de ceux qui ne sont pas des analystes, pourraient passer pour des démonstrations sans réplique.

L'observateur seul en dégage la vérité, sous les oripeaux de la superstition qui l'affublent.

Entre les mille exemples que l'on pourrait citer, nous en prendrons un seul.

Une femme un jour achète dans une vente anonyme un réchaud rouillé.

Arrivée chez elle, elle s'empresse de le frotter pour le débarrasser de la couche jaunâtre qui le recouvrait, et, fière de son ouvrage, va montrer son emplette à ses voisines.

L'une d'elles prend le fourneau dans sa main, l'examine de plus près, constate une lézarde dans la fonte et déclare reconnaître l'objet.

C'est, assure-t-elle, le réchaud d'une des locataires de sa maison qui, il y a trois mois, s'en est servie d'une façon tragique.

Elle l'alluma près de la couche où elle s'étendit pour mourir.

Et la commère ajoutait :

« A votre place, je ne le garderais pas, *il vous portera la guigne*. La nouvelle propriétaire du fourneau, vexée de ne pas voir approuver l'achat dont elle était fière, haussa les épaules et feignit d'accueillir le conseil avec mépris.

Cependant l'avertissement avait soulevé une inquiétude en elle.

Ce malaise s'accrut singulièrement à la suite d'un incident, banal entre tous, pourtant.

Légèrement troublée elle était descendue pour faire ses provisions du soir sans penser à chercher une place pour le réchaud qu'elle laissa à terre.

Lorsqu'elle rentra la nuit était tombée et, dans la chambre envahie par les ombres nocturnes, elle n'aperçut pas l'obstacle contre lequel elle buta et s'étendit si malencontreusement que sa tête heurta l'angle d'un pied de table.

On accourut à ses cris et la stupeur fut grande

parmi les voisines lorsqu'on apprit la cause de sa chute.

Le coup avait été rude et avait déterminé un grand mal de tête, la femme s'alita espérant que le sommeil la soulagerait. Mais il lui fut impossible de s'endormir.

Les discours de ses amies bourdonnaient dans sa tête, la prédiction de mauvais augure, si vite suivie d'effet hantait son cerveau douloureux ; la fièvre éclata, si violente que, vers le matin, la malade hallucinée songea qu'elle n'avait qu'un moyen d'échapper au mauvais pouvoir qui la dominait...

Elle se leva et alluma le réchaud.

Quand le soleil fut levé, la voisine venue pour s'enquérir de sa santé la trouva morte asphyxiée.

« Je l'avais bien dit, s'écria-t-elle, ce réchaud devait lui porter malheur. »

Si nous avons choisi cet exemple c'est qu'il est, en effet, des plus impressionnants.

Pourtant si l'on veut analyser les choses, on s'apercevra que la mauvaise chance est complètement étrangère à toutes ces circonstances, dont l'enchaînement s'est produit tel qu'il devait le faire.

Si l'âme de l'acheteur avait été assez forte pour réagir contre le trouble causé par l'appréhension, cette femme n'aurait point négligé en sortant de prendre la précaution élémentaire de débarrasser sa route, et, l'accident supprimé, ses suites tragiques l'étaient également.

Sans la chute, causée par sa négligence, le mal de tête ne se serait point produit, la fièvre n'aurait pas fait son apparition. et la folie passagère n'ayant aucune raison de se déclarer, l'acte définitif n'aurait point été commis.

Si la propriétaire du réchaud s'était contentée de sourire de la superstition de sa voisine et avait rangé comme elle devait le faire l'objet de son acquisition, rien de ce qui est arrivé ne se serait passé.

En admettant même que la chute ait eu lieu dans les mêmes conditions, un esprit solide n'aurait pu être frappé que d'une chose : la maladresse commise.

Au lieu de donner une raison surnaturelle à une cause si banale, la blessée se serait simplement reproché son étourderie, à laquelle elle aurait attribué tout le mal.

Mais en toutes choses, on n'aime pas convenir de son insuffisance.

Il est bien plus facile de rejeter toute la faute sur une puissance mystérieuse dont l'intervention sert d'excuse à la paresse et à l'incapacité.

« J'ai la déveine » disent les indolents qui ne font rien pour se concilier les bonnes grâces du hasard.

Et peu à peu, la haine de l'effort aidant, ils en viennent à se croire les victimes d'un mauvais vouloir occulte, qu'ils cherchent à combattre avec des armes non moins mystérieuses.

A la déveine, ils opposent le fétiche, sans se douter que ce souvenir de l'idolâtrie est la cause la plus certaine de leur perte, car, confiants dans la force de l'amulette, ils se dispensent de l'aider, ainsi qu'il serait dans leurs moyens de le faire.

Il est cependant des gens d'esprit très rassis qui se laissent, eux aussi, toucher par la croyance au fétichisme.

Chez eux, cependant, cette foi revêt les apparences du raisonnement.

Le fétiche leur apparaît, non seulement comme un bouclier contre la mauvaise chance, mais comme la sauvegarde du doute.

La pensée confuse d'un besoin de protection dont ils se savent assoiffés, leur fait contracter une assurance contre leur propre faiblesse.

Dans leur fétichisme, il existe une grande part de raisonnement.

Le dédoublement de la personnalité intervient pour dresser contre le « Moi » défaillant, le « Moi » plein d'énergie, qui soutient l'autre par les moyens qu'il sait propres à le reconforter.

Un orateur très connu, dont l'influence fut grande sur la politique européenne, ne prenait jamais la parole pour un discours important sans avoir revêtu un certain gilet, qu'il réservait pour les circontances particulièrement délicates, dont la survenue comportait une alternative.

A quelques amis qui le plaisantaient sur cette

manie indigne d'un esprit aussi vaste que le sien, il avait fait la confidence suivante :

« Ce fétichisme, disait-il, est moins déraisonnable qu'on ne serait tenté de le croire.

« En accomplissant un geste superstitieux, je donne une satisfaction à cette entité psychologique qui est le « Moi » dans lequel l'atavisme a laissé substituer un vieux levain de l'idolâtrie qui régit jadis les pensées de mes ancêtres.

« En le flattant, j'apaise ainsi les énergies contraires, si profondément ensevelies en mon âme qu'elles ne manifestent leur hostilité que par un sentiment mal défini qui, cependant, donne naissance à une impression torturante, le doute.

« Une fois en paix avec son antagoniste obscur, mon autre « Moi » dégagé de toute crainte, donne la mesure de ce qu'il peut produire. »

Cette concession aux sollicitations d'un « moi » occulte est souvent le point de départ du fétichisme.

Mais rares sont ceux qui ont la force de s'analyser comme l'homme politique dont nous venons de parler.

Plus rares encore, les énergiques qui savent jeter en pâture au « moi » importun, l'aumône d'une superstition, dont ils sont les premiers à sourire et qui, ce geste accompli, fait appel aux forces qu'ils sentent vibrer en eux, pour entrer dans une lutte, où ils sont d'avance, grâce à ce léger sacrifice à la faiblesse, certains de triompher.

Le fétichisme, qui fut la période initiale de toute religion, est la genèse de la croyance en une force supérieure à la force humaine.

Nos primitifs ancêtres, en voyant éclater des cataclysmes, dont leurs connaissances bornées ne pouvaient déterminer les causes, en venaient tout naturellement à les attribuer à la colère d'une puissance supérieure.

L'Idée d'apaiser cette autorité prépondérante fut consécutive à la perception de ses manifestations et le fétichisme naquit du sentiment de crainte.

Lorsqu'ils crurent avoir trouvé le moyen d'apaiser la vengeance de cette puissance suprême, les hommes cherchèrent à se la rendre favorable.

Le résultat de certaines coïncidences éveilla leur sens très rudimentaire de l'observation ; ils remarquèrent que tel événement heureux qui s'était déjà produit un jour où ils avaient accompli tel acte se renouvelait le jour où ils étaient amenés à l'effectuer de nouveau.

De là à croire à une relation étroite entre ces deux idées très différentes, il n'y avait qu'un pas ; la nécessité d'une protection le fit rapidement franchir à la plupart d'entre eux et, bien avant l'établissement d'une religion définitive, celle des idoles gouverna les hommes.

Malgré l'évolution que la science a déterminée, malgré l'intervention des connaissances et celle de la raison, il se trouve encore de nos

jours beaucoup de gens qui, indépendamment
de leurs croyances religieuses réelles ou néga-
tives, se sentent envahis par le besoin de véné-
rer une divinité tangible.

Ils donnent donc à la veine — ou à la guigne
— une forme quelconque sous laquelle il leur
plaît de lui rendre leurs dévotions.

Ainsi que nous l'avons déjà dit, c'est tantôt
un objet familier, tantôt un bijou, d'autres fois
un vêtement.

Mais le culte du fétiche s'étend bien vite et
— sans préjudice de l'objet — on passe aux im-
pressions.

Un jour on a pris un fiacre et dans le désœu-
vrement forcé de la course on a lu machinale-
ment le numéro, puis on l'a involontairement
additionné. Cette opération a donné un chiffre
qui, désormais, deviendra fatidique.

Si l'affaire qui nécessitait cette course en voiture fut heureusement conclue il passera à l'état
de fétiche.

On voit tous les jours des gens, qui se piquent
de sérieux, rechercher sans l'avouer trop haut
le fiacre dont les chiffres additionnés produisent
le nombre 21.

D'autres se rejettent en arrière avec horreur
s'ils mettent le pied dans un wagon dont les
numéros totalisés produisent le nombre 13.

Tous ceux-là sont les servants d'une divinité
aussi confuse que capricieuse : *La Veine*, qu'à

l'invitation des antiques idolâtres ils aiment à revêtir d'apparences déterminant une présence qui, sans ce secours, pourrait parfois ne point se déceler.

Comme les païens aussi ils révèrent dans un culte spécial la déesse méchante dont ils craignent le courroux.

Les conjurations contre la déveine se mêlent dans leur faible cervelle aux invocations à la veine et déterminent, dans les mentalités les plus solides, une sorte de déséquilibre fait de foi douteuse et de doute certain, dont la première partie s'adresse à leur croyance et la seconde à leur propre mérite.

Le résultat immanquable de ces errements ne peut être qu'un amoindrissement et un arrêt dans le chemin de l'évolution conduisant à la source de tous les biens : Le mieux, cause et effet de la perfection.

CHAPITRE IV

La veine et les audacieux

Ah ! si j'avais osé !!... mais je me sais si peu de veine...

Que de fois n'avons-nous pas entendu exprimer ce double regret, si douloureux dans sa concision !

Le sentiment de la déveine est en effet une digue où tous les efforts viennent se briser en s'éparpillant.

Parfois il est seulement la reproduction d'un état d'âme causé par un insuccès partiel.

Mais le plus souvent il faut l'attribuer à la constatation d'un fait réel : certaines gens n'osent rien tenter parce que rien ne leur a réussi jusqu'alors.

Cependant ce serait les suivre dans l'erreur que de croire aveuglément à leur remarque.

Il est vrai que bien des hommes peuvent être en droit de revendiquer le titre de *déveinards* parce que toutes les entreprises qu'ils ont tentées ont échoué.

Pour les observateurs superficiels leur cas serait patent, car il est impossible de nier que si la capricieuse déesse ne les accabla jamais de ses faveurs, elle ne leur ménagea point les bourrades.

Aussi ces mêmes gens seraient-ils fort surpris si l'on parvenait à leur démontrer que ces rigueurs étaient méritées et que leur attitude seule les a provoquées.

La veine n'aime pas ceux qui hésitent.

Elle ne se tournera jamais du côté de ceux qui *n'osent* pas.

La timidité ne fait point partie du bagage des favoris de la veine : c'est une déesse aventureuse qui aime les audacieux.

Elle méprise ceux qui sont incapables de commettre un acte énergique pour la posséder.

Tous ceux qui disent : Si j'avais osé ! et qui n'ont pas osé, ont donc raison d'ajouter qu'ils ont peu de veine, puisqu'ils constatent eux-mêmes qu'ils n'ont rien fait de ce qu'il fallait pour la conquérir.

L'audace bien comprise est la source de tant de réussites que les timides envient en les attribuant à la seule veine !

Nous l'avons déjà dit et nous ne saurions suffisamment le répéter: la veine seule ne suffit pas pour amener les réalisations.

Ce n'est que par grande exception une floraison spontanée.

On sème la veine comme on sème une plante; on la cultive sous peine de la voir s'étioler et on en récolte les fruits lorsqu'on sait les amener à maturité.

Or la timidité est une plante parasite qui, sous ses rameaux confus, étouffe la végétation que l'audace protège et active.

Le timide est, par la nature du défaut qui l'isole, volontairement éloigné du théâtre de la lutte.

Peut-il s'étonner de n'être point victorieux celui qui n'a pas combattu ?

La vie est une bataille et le prix de la victoire échoit au plus habile en même temps qu'au plus brave.

Ce triomphe, suivant les cas, prend le nom de réalisation, de réussite ou de veine.

La réalisation est le point terminus des efforts tentés dans le but que l'on vient d'atteindre.

Elle comporte toujours une série de labeurs, entremêlés d'habileté, de décisions rapides et d'accomplissements dépendants tous les uns des autres.

C'est une chaîne dont le premier maillon part du désir et le dernier aboutit à la satisfaction.

La réussite peut être plus rapide.

Elle porte parfois sur un seul événement ;

d'autres fois elle constitue un groupe de faits, convergeant tous vers un fait principal.

Elle est aussi plus définitive que la réalisation, en ce sens qu'elle en est la synthèse.

Une réalisation peut faire fleurir le désir d'autres réalisations.

Une réussite ne laisse après elle que le désir de la maintenir ou de la perfectionner.

Elle est, comme la réalisation, le prix d'efforts plus ou moins décisifs et demande plus qu'elle des qualités d'audace et de décision.

La veine admet — en apparence, tout au moins — peu de travail et semble amener la réussite sans qu'on ait rien fait pour la provoquer.

Il y a certainement des hasards stupéfiants et qui semblent faits pour donner raison à ceux qui déclarent que la veine est la souveraine maîtresse des choses, mais ces chances peu méritées sont rarement accueillies commes elles devraient l'être par les timides qui s'effarent à l'idée des devoirs et des obligations que la fortune comporte.

Ils ne font rien pour consolider l'édifice incertain de la veine et le laissent s'écrouler en ponctuant son fracas de leur triste refrain ; Je n'ai pas osé.

Mais le plus souvent l'apparition de cette veine a été provoquée par les manœuvres légitimes des audacieux qui ont su la découvrir.

Le plus grand écueil de la timidité en ce qui concerne la conquête de la veine, n'est pas seulement l'inaction à laquelle tous les timides se trouvent voués, de par la nature de leur tare, c'est surtout l'ignorance, issue de l'isolement dans lequel ils vivent, qui les entraîne, dès qu'ils veulent sortir de leur claustration morale, à des actes de témérité inutiles.

Il n'est pas rare de voir des hommes, au cœur habituellement timide, surexcités par les sarcasmes, jaloux peut-être aussi de ce qu'ils s'appellent la veine du voisin, s'élancer sans écouter les gens de sens rassis leur criant : Casse-cou.

Ils sont comme des enfants qui voudraient franchir des obstacles dont ils ignorent l'importance.

Il est vrai de dire que si on la lui démontrait, le timide s'empresserait de rejeter les avis car la présomption est presque toujours son défaut.

C'est aussi celui des gens superficiels, qui confondant la témérité avec l'audace, mettent leur gloire dans l'accomplissement des choses dépassant leurs forces.

L'audacieux, s'il donne souvent la mesure des siennes, ne va jamais au delà.

L'audace est faite de maintes qualités, que les réactionnaires du progrès se refusent à reconnaître, mais qui, dans les conditions de la vie moderne, peuvent compter pour de réelles vertus.

Un acte d'audace, quand il est accompli dans

des conditions qui ne permettent pas de le qua-
lifier de témérité inutile, est produit par plusieurs
causes déterminantes :

La netteté et la sécurité du raisonnement.

La promptitude de la décision.

Le discernement instantané de la témérité nui-
sible.

La volonté qui dispense le courage.

Enfin l'ambition qui suggère le but.

Le raisonnement est un sentiment puissant,
autour duquel gravite tout un monde de sentiments inférieurs, mais essentiels, pourtant.

C'est une opération de l'esprit permettant
d'exercer sur la spontanéité un contrôle qui lui
fait rejeter les prédominances des goûts et des
intérêts d'importance moindre, pour se fortifier
dans le principe dont on a reconnu la prépondérance.

C'est l'art de prévoir jusque dans leurs moin-
dres conséquences, les actes que l'on se résoud
d'accomplir.

C'est encore celui d'appliquer les principes de
la déduction qui découle d'une comparaison impartiale.

Le raisonnement demande une grande indépendance d'esprit en même temps qu'une sagacité exercée par la pratique du sang-froid.

Jamais un enthousiaste ne pourra raisonner
solidement.

Son imagination l'entraînera toujours au delà

du but qui doit être le terme réel de son effort.

Il se laissera convaincre par de fallacieux discours dont il goûtera la sonorité vide et il re-
fusera d'écouter les sages avis, appelés à contre-
carrer son ardeur puérile.

Celui qui sait raisonner évitera encore la sta-
gnation des opinions dont beaucoup de gens se
font une loi.

Certes le principe en est fort respectable et
ceux qui le suivent sont dignes de considération,
mais ils oublient qu'entre le maintien obstiné
d'une opinion et l'erreur la nuance est si peu sen-
sible qu'on l'atteint sans s'en apercevoir.

Comment est-il possible de songer à garder
une opinion unique, lorsque les raisons sur lesquelles elle est fondée se modifient sans cesse?

L'évolution des mœurs, celle des états d'âme,
amènent forcément celle de la pensée et, partant
de là, le bouleversement des principes qui font
la base de tout raisonnement.

Afin de juger d'une façon impartiale, il est
donc nécessaire de penser d'abord suivant la
pente des idées actuelles et d'adapter les conclusions qui en découlent, au sentiment prépondérant dans la vie sociale de l'époque.

Telle résolution qui fut louable il y a vingt
ans, courrait risque de provoquer aujourd'hui
la réprobation de ceux qui ont la science de l'opportunité.

Ceux qui voulaient aller vite à cette époque

montaient en voiture ; ils seraient maintenant distancés par les autos et, s'ils s'entêtaient à choisir le premier mode de locomotion, pourraient être assurés d'arriver toujours en retard.

Le raisonnement doit donc s'inspirer de *toutes* les circonstances présentes en dédaignant celles qui sont susceptibles de l'entacher d'erreur.

Maintenir son opinion, c'est nier le progrès et repousser l'avènement de la veine qui n'aime ni les entêtés ni les timorés.

Le raisonnement parfait, en accélérant la production des idées, provoque la promptitude de décision nécessaire à l'acte d'audace.

L'habitude de l'observation et celle de la comparaison, en éloignant la tendance à l'acceptation des opinions toutes faites, laisseront à l'activité d'esprit la latitude de dégager la vérité et de faire rapidement la part des relativités.

Il devient alors facile de solutionner la question, car l'imagination ainsi sollicitée peut immédiatement faire la part des possibilités favorables en éludant les conclusions qui s'en éloignent.

Cette soudaineté de la décision permet de découvrir sans hésitation la ligne, souvent très ténue, qui sépare l'audace de la témérité.

Toutes deux s'élancent avec fougue vers le même but, mais tandis que l'audacieux, grâce à la volonté du raisonnement, saisit d'une façon certaine le rapport des choses, le téméraire ne voit que le terme de ses désirs et ne calcule ja-

mais les conséquences de l'acte qui, théorique.
ment, doit le rapprocher de l'objet de ses vœux.

« Deux hommes, lisons-nous dans *La timidité vaincue*[1], étaient partis pour courir à la recherche de la fortune.

« C'est en vain qu'ils avaient parcouru les
champs et les monts, ils n'avaient trouvé aucune trace de la capricieuse déesse.

« Ils commençaient à se désespérer lorsqu'un
soir, dans le rayonnement rose du couchant, ils
arrivèrent sur les bords d'un marécage semblant
leur fermer la route.

« De l'autre côté, des plaines verdoyantes et
des arbres chargés de fleurs sollicitaient leur
désir.

« Ils cherchèrent le moyen d'y parvenir ; mais
le marécage semblait le seul point de jonction.

« Or, sous peine d'un enlizement inévitable, il
ne pouvait être question de s'y aventurer. Ils
songeaient donc à revenir sur leurs pas pour tâcher de découvrir une autre route, lorsque, sur
l'incendie du ciel, une forme se dessina.

« C'était *Elle*, à n'en pas douter ; c'était la
Fortune qui, d'un geste de la main, les appelait
en souriant.

« Tremblants d'émotion, ils restèrent muets
un instant, suivant des yeux la femme qui les con-
viait à la rejoindre.

1. B. Dangennes. Editions Nilsson.

« Il faut, dirent-ils, aller vers elle, mais comment ?

« — Par le plus court chemin dit l'un en faisant mine de se précipiter.

« — As-tu perdu l'esprit ? dit son compagnon en le retenant. Tu sais bien que ces marécages engloutissent ceux qui sont assez téméraires pour s'y hasarder.

« Sans l'écouter davantage, le téméraire s'arracha de l'étreinte de son ami et se précipita dans le marais qui le happa comme une proie.

« Pendant ce temps, l'autre avait arraché des branchages qu'il jetait sur la surface vaseuse, les entremêlant avec soin.

« Certes, il risquait encore sa vie, mais il ne courait pas comme son compagnon à une mort certaine.

« Il prit son élan, et, sans s'effrayer du craquement des branches qui, derrière lui, disparaissaient dans la boue morne, en quelques bonds il aborda sur l'autre rive.

« La Fortune, qui, lors de la tentative du téméraire, avait continué sa route en souriant dédaigneusement, s'arrêta, intéressée par les efforts de l'audacieux, qui fut assez adroit pour se saisir d'un coin de son manteau. »

Aucun parallèle ne peut, mieux que cette fable, nous démontrer quelle différence existe entre le téméraire et l'audacieux.

Nous voyons celui-ci développer toutes les qualités qui constituent l'audace.

La netteté du jugement est caractérisée par la certitude de l'acte à accomplir.

L'audacieux *sait*, d'après son raisonnement rapide, qu'il *doit* traverser pour atteindre la veine qui, sous les traits de la Fortune lui sourit de loin.

La promptitude de décision lui fait prendre la résolution immédiate de l'atteindre.

Mais *le discernement entre l'audace et la témérité* lui fait sentir toute la folie d'une action directe.

Cependant *la volonté qui dispense le courage*, alliée à *l'ambition qui lui suggère le but* ne lui permet pas d'abandonner l'occasion qui se présente à lui.

Il fera donc de nouveau appel au raisonnement ainsi qu'à la déduction, fille de l'expérience, et, l'activité de son esprit aidant, le moyen le plus couramment employé pour franchir les espaces marécageux se présentera immédiatement à sa pensée.

La décision rapide viendra lui prêter son puissant concours pour lui permettre d'accomplir à temps la tâche que les circonstances lui imposent et l'*Audace* la belle et saine Audace, l'audace raisonnée, la seule valable le soutenant de son énergie magique, il s'élancera, plein de confiance en lui-même, vers une conquête qu'il enlève de haute lutte.

Tout le mystère de la veine se trouve souvent expliqué ainsi.

Les gens superficiels, ceux qui restent victimes de leur fragilité mentale, les contemplateurs des fétiches, ne verront là qu'une manifestation éclatante des caprices de la Veine.

Il dirait : En accomplissant le même acte, celui-ci est mort et l'autre a conquis la fortune; il conclurait que ce dernier est un *veinard* et envierait sa chance, tandis qu'il n'aurait pas assez de larmes pour pleurer le téméraire, victime prétendue de la *Guigne*, en réalité trépassé par la faute de sa légèreté de jugement, qui lui a dicté un geste de témérité absurde, dont l'issue ne pouvait être que lamentable.

Il nous reste encore à parler de l'ambition, qui joue un rôle prépondérant dans toutes les tentatives audacieuses.

Ce désir est une forme d'orgueil que l'on ne saurait trop priser, car elle est la manifestation la plus éclatante du désir de mieux qui peut conduire aux plus belles réalisations.

L'ambition est le meilleur bouclier contre l'envahissement du « médiocre », plus funeste peut-être que le mal réel.

Le manque d'ambition n'est le plus souvent qu'une qualité négative à l'ombre de laquelle se réfugie l'incapacité.

C'est aussi un témoignage de défiance en ses propres forces et la négation de l'ambition ne recouvre la plupart du temps que la certitude de l'échec.

C'est une vanité mal déguisée, une présomption futile et tenace qui ne laisse pas entamer de lutte par crainte d'une défaite, dont l'écrasement coûterait trop à l'amour-propre.

Il est bien rare que ceux qui affichent le mépris de l'ambition manquent de ponctuer leur théorie par les mots : « Et puis, comme je ne suis pas un favori de la veine ... » Ou encore : « Oh moi ! j'ai trop de déveine pour tenter cela.»

Quelques-uns ajoutent : « J'ai tant de déveine que je n'ai pas osé. »

S'ils réfléchissaient tant soit peu, avant de formuler leur récrimination monotone, il se diraient que la veine, au sens propre du mot, c'est-à-dire le filon précieux ne peut enrichir que celui qui ose descendre dans la mine pour l'arracher de vive force à la roche qui le retient prisonnier ou à la terre qui le dissimule.

Celui qui doute de le rencontrer et se décourage dès les premières tentatives n'en sera jamais l'heureux possesseur.

Ce bienheureux filon n'appartiendra pas davantage au timide qui s'effraie d'un voyage souterrain dont il redoute les dangers.

Il n'échoira pas non plus au téméraire qui, au lieu de s'entourer de toutes les précautions inhérentes au métier de chercheur d'or, ne parviendra au fond de la mine que les membres brisés.

Mais il se laissera conquérir par l'audacieux qui, après un mûr raisonnement, cherchera la veine avec toutes les probabilités de la rencontrer et toutes les précautions voulues pour qu'une fois découverte elle assure sa fortune.

CHAPITRE V

La veine et le hasard

Quoique le hasard soit très souvent qualifié de veine, il ne peut cependant être confondu avec cette entité que par ceux dont l'observation superficielle s'accommode mal de la plus légère analyse.

La veine est un hasard heureux qui se produit par le fait de circonstances auxquelles on donne le nom de fatalité.

C'est presque toujours cependant une circonstance isolée qui est qualifiée ainsi.

Les croyants en la veine établissent entre la manifestation isolée et la répétition de ces faits une différence qu'ils expriment en deux phrases presque semblables, mais dont la portée cependant est très distincte.

En parlant de quelqu'un auquel est échue une heureuse chance sur laquelle il ne comptait guère, ils diront : « Il a eu *de* la veine », ou encore : « Il a eu la veine de... » et ils disent en quoi elle consiste.

S'ils veulent désigner un homme dont la vie fut comblée de ces chances heureuses, ils diront : « Il a eu *la* veine. »

Dans la première affirmation, ils constatent que celui dont ils parlent a été, à un moment qu'ils désignent, visité par la veine.

Dans la seconde, ils font entendre que la veine a été leur protectrice assidue, qu'elle s'est montrée à eux dans maintes occasions et que la somme des hasards heureux fut considérable dans leur existence.

Il ne faudrait pas toujours se fier à la bienveillance de cette constatation.

Dire de quelqu'un qu'il a eu « la veine » est rarement lui décerner un prix d'intelligence.

En déclarant que la réalisation dont on parle est due à la veine, on entend, le plus souvent, nier les qualités de volonté, de persévérance, de patience et d'endurance qui sont habituellement celles de ceux qui réussissent.

C'est le jugement que l'on porte sur ceux dont on croit la réussite usurpée.

En faisant entendre que la veine est la seule distributrice de leur fortune, on sous-entend que sans cette intervention, ils eussent été incapables de l'édifier eux-mêmes.

Nous avons dit, dans un précédent chapitre,

combien il était erroné de penser que la veine pouvait, d'une façon soutenue, s'installer là où l'on n'avait pas su prévoir sa présence et lui préparer une réception digne d'une visite aussi favorable.

Sans insister sur ce point, déjà suffisamment acquis semble-t-il, nous attirerons l'attention sur l'erreur qui cause ce raisonnement.

La veine ne surviendra pas inopinément car elle est faite d'un enchaînement de hasards, dont chacun est déterminé par une cause.

Beaucoup de gens attribuent la naissance de la veine à des causes obscures.

Ils sont persuadés qu'elle est soumise à des lois spéciales, dont ils cherchent la révélation.

Ils s'imaginent parfois l'avoir découverte en réunissant des coïncidences dont les résultats ont été identiques.

Ils concluent que tel fait s'étant passé de telle sorte, à la suite de telles circonstances, le retour des mêmes circonstances amènera forcément un fait analogue.

Ou encore ils se croient assurés contre la mauvaise chance parce qu'elle vient de se manifester plusieurs fois dans des occasions semblables.

On entend des gens dire très sérieusement :

« Aujourd'hui je voyagerai sans crainte, car l'accident sur la ligne s'est produit hier. »

Et si l'on insiste pour connaître en quoi le passé peut influencer leur tranquillité présente, ils répondent imperturbablement :

« Oh ! il n'y a pas d'exemples que le même accident se soit reproduit le jour suivant. »

Sur quoi basent-ils leur imperturbable confiance ?

Simplement sur les chances de probabilités.

Mais ces chances de probabilités existaient aussi nombreuses la veille.

En admettant que l'expérience ait prouvé que le nombre des accidents soit limité dans une année à un chiffre X, rien ne prouve qu'il ne pourrait être atteint par suite d'une série malencontreuse et la catastrophe de la veille ne peut, en aucun cas, être une garantie de sécurité pour le lendemain.

Cependant ceux qui raisonnent ainsi n'ont pas tout à fait tort et bien que leur déduction soit parfaitement fausse, la conclusion en est cependant vraie.

Il y a moins de chance pour qu'un accident identique se produise, parce qu'au lendemain d'une catastrophe, l'attention, surexcitée par la représentation des images pénibles qui ont affecté notre cerveau et, — pourquoi pas aussi ? — notre cœur, l'attention, disons-nous, se multiplie pour prévenir le retour des causes qui ont provoqué le malheur.

Plus tard, lorsque l'impression pénible sera effacée, lorsque le souvenir des horreurs entrevues se sera estompé, il se pourra plus facilement effectuer une imprudence ou un relâchement dans la surveillance.

La seule raison de la sécurité aléatoire gît dans ce raisonnement et non dans la superstition consistant à représenter le hasard mauvais sous les traits d'un passant sinistre, qui, deux fois de suite, ne reprend pas le même chemin.

Cette croyance est aussi fausse que la conviction contraire, consistant à espérer que l'intervention de la veine se produira forcément si l'on suscite les circonstances semblables à celles dans lesquelles elle s'est manifestée une fois déjà.

La veine est donc le résultat d'un ou plusieurs hasards heureux.

Mais ce hasard lui-même est-il le fait d'une volonté occulte ?

Est-il une divinité puissante ?

Est-ce réellement l'entité aveugle et capricieuse que les gens superstitieux vénèrent ?

Si nous voulons sortir du domaine de la fiction pour entrer dans celui du raisonnement, nous verrons que le hasard est regardé par les penseurs comme la cause fictive d'un concours de circonstances.

Il se produit sans avoir été organisé.

C'est la rencontre imprévue des éléments qui concourent à le former.

Cependant le hasard ne survient qu'à la suite d'une cause.

Nous n'entrerons pas dans les détails assez

ardus de la question de causalité, nous nous contenterons d'en esquisser les grandes lignes.

Tout phénomène, qu'il s'appelle hasard, bonheur ou déveine a une cause.

Cette cause prend aussi le nom de principe.

Le principe est le début, la genèse de toute chose.

La cause, prise dans un autre sens, est encore le motif.

C'est la raison qui détermine le fait.

Supposons qu'une personne ayant négligé de se couvrir en sortant d'un bal ait contracté une affection grave dont elle est morte après une longue maladie.

Les *fétichards* diront : « Elle a eu la déveine de prendre mal et de ne pouvoir s'en guérir. »

Les penseurs diront : « La *cause* de sa mort n'est pas la déveine, mais bien son imprudence qui lui a fait négliger de prendre les précautions usitées en pareil cas. »

Et il ajouterait :

« Cette imprudence détermina un refroidissement qui fut le *principe* de sa maladie», voulant démontrer qu'il en fut le début.

Comme on le voit rien n'existe sans cause et toute chose a un principe, c'est-à-dire un commencement.

La cause prend encore le nom de motif ; dans ce cas, tout en continuant d'indiquer une idée d'origine, elle éveillera aussi celle de la relativité.

Le motif d'une chose est toujours coïncidant avec sa raison d'être.

Il est le lien qui relie la cause initiale au principe de cette chose même.

On divise la cause en quatre catégories principales :

1° La cause dont nous venons de parler, qui est l'agent déterminant.

2° L'élément dont cette cause est tirée.

3° L'Idée ou le plan conçu à ce sujet.

4° Les fins qu'elle représente et que l'on nomme causes finales.

Toutes ces causes réunies et groupées sous le titre de causalités sont toujours la genèse du hasard.

Le hasard se forme grâce à la coopération des causes.

Il est parfois difficile de les déterminer mais elles existent toujours.

C'est pourquoi ceux qui croient purement et simplement à l'intervention d'un fait que rien n'a amené, restent sans force pour en détourner les conséquences.

Cependant si l'on veut prendre la peine de raisonner, en écartant les invitations de la veulerie morale incitant à la cessation de l'effort, on conviendra que dans la circonstance où la veine semble seule entrer brusquement en scène, elle se retire vivement si elle n'est point accompagnée des satellites qui la protègent et marchent avec elle à la suite de son créateur: la Volonté.

Il n'est personne qui ne se soit écrié, en lisant dans les journaux que le porteur du n° X était l'heureux gagnant d'un gros lot: « Quel veinard ! »

Mais de tous ceux qui poussent cette exclamation, combien y en a-t-il qui soient au courant du passé de cet homme heureux ?

Le total du gros lot ne représente peut-être pas toutes les sommes qu'il a enfouies depuis de nombreuses années dans des entreprises hasardeuses.

Si l'on attire l'attention sur le billet gagnant, on ne parle pas de ceux au milieu desquels il se trouvait.

Le gagnant d'un gros lot est toujours (sauf l'exception confirmant la règle) le meilleur client des bureaux où se vendent les billets de loterie et sa veine du moment n'est que la compensation d'énormes pertes.

Des analystes, professant à l'égard de la veine l'incrédulité de tous ceux qui raisonnent, ont quelquefois établi des statistiques tendant à prouver la vérité de leur opinion.

Ils ont fait le dénombrement de ceux auxquels une *veine* inattendue était échue et les ont suivis à travers l'existence.

Les uns, grisés par la fortune et ignorant la valeur d'un argent qu'il n'avaient point eu la peine de gagner, se sont laissés aller à des prodigalités dont le résultat fut celui qu'on devait prévoir : la disparition du trésor fortuitement échu.

D'autres n'ont vu dans cette aubaine que le moyen de gagner de grosses sommes sans travailler.

Mais la veine, non secondée par les qualités qu'elle a désignées pour en faire son escorte, s'est voilée la face et est remontée vers son chimérique domaine.

D'autres encore, et ce sont les moins blâmables, se sont vus dépouiller par des intrigants, abusant de leur inexpérience comme capitalistes.

Nous ne parlons pas de ceux qui sont devenus la cible de malfaiteurs avérés et les victimes de circonstances tragiques.

Toujours est-il que sur cent de ceux qui furent un jour qualifiés « d'heureux gagnants » la statistique nous montre que dix à peine échappent au sort commun, qui est de se réveiller un matin plus pauvres qu'ils ne l'ont jamais été.

Ici les partisans de la veine sont bien près de triompher, car ils ne manqueront pas de dire :

« Ces dix-là sont les veinards, les autres ne l'étaient pas complètement. »

La raison nous force encore à les contredire.

Ces dix sont les sages ; ce sont ceux qui ont su profiter d'un hasard heureux, que leur application n'avait point préparé, mais qu'elle a su convertir en bonheur durable ; et nous sommes en droit d'affirmer que, sans l'aubaine qui leur est échue, ils auraient encore su se tirer d'affaire.

La fortune serait venue à eux par des moyens
moins rapides, peut-être, mais elle n'aurait pas
manqué de répondre, ainsi qu'elle le fait toujours,
à l'appel obstiné du travail persévérant.

C'est ce qui se trouve défini dans ce que l'on
appelle : le résultat produit par la coopération
des causes.

Ce concours de circonstances, amené par
une série d'efforts convergeant vers un but unique, arrive toujours, lorsqu'il est produit par
les soins d'une volonté directrice intransigeante,
à provoquer l'apparition d'une force supérieure
à tous les hasards.

Elle devient parfois le pivot de ces hasards
mêmes.

Les féticheurs l'appellent la veine.

Ceux que la foi en leur puissance mentale
éloigne de ce qu'ils regardent comme une superstition l'ont nommée *récompense*.

En effet, pour ceux que la saine raison et
l'habitude de la déduction ont préparés à l'émis-
sion de jugements équitables, il sera facile de
reconstituer les causes génératrices du hasard.

Ils reconnaîtront alors qu'elles ont toujours
amené le résultat qui devait logiquement en découler.

Nous n'avons pas parlé encore des exceptions,
dont on pourrait dire, avec justice, qu'elles con-
firment la règle.

Il arrive quelquefois que des événements to-

talement imprévus découlent des causes qui ont
suscité la survenue du hasard.

S'ils sont heureux, on les salue du nom de veine.

S'ils sont contraires, ont les accable de celui
de déveine.

Mais ce à quoi on ne réfléchit pas suffisamment, ce que l'on ne veut pas toujours reconnaître, c'est que si la production de ces faits est
indéniable elle oscille, au bout d'un certain laps
de temps, entre l'échec et la réussite.

Les sages sont ceux qui, en tenant compte des
caprices du hasard, font tout pour se le rendre
favorable.

Ils n'y réussissent pas toujours, ce serait trop
beau ; mais ils organisent la défense contre la
déveine en la prévoyant et en cherchant de leur
mieux à l'atténuer.

Deux hommes sont surpris par l'incendie.

Ils se précipitent vers la seule issue possible :
la fenêtre. Plusieurs étages les séparent du sol.
Que faire ?

Pourtant les flammes gagnent et la résolution
s'impose : Une seule alternative : le saut ou la
carbonisation.

L'un d'eux saisit les matelas de lit, les jette
dans la rue, au-dessous de la fenêtre, puis arrachant les draps et les rideaux les noue ensemble et enjambant le balcon se laisse glisser.

En admettant que cette corde improvisée se
trouve trop courte, la chute sera moins profonde et

les matelas disposés à terre l'atténueront encore.

Il y a donc bien des chances pour que cet homme se relève plus ou moins meurtri, mais indemne de toute atteinte grave.

Le second, celui qui est resté dans la chambre en feu, s'arrachant les cheveux et maudissant la tragique déveine, voit pendant ce temps les flammes s'étendre ; hors d'état de produire une pensée utile, terrifié à l'idée d'une résolution dangereuse, mais non moins affolé par l'approche de la mort inévitable, il recule, recule toujours, arrive enfin à la fenêtre : les flammes l'y rejoignent.

La hideuse alternative lui inspire un geste instinctif, que l'on ne peut guère, en l'espèce, nommer celui de la préservation, mais qui, chez les impulsifs, consiste à se précipiter dans n'importe quelle aventure pour fuir un danger inévitable.

Il saute.

L'affreux choc a disloqué ses membres et peu de temps après il rend l'âme entre les bras de son compagnon d'infortunes qui, par la vertu du raisonnement entraînant la résolution rapide, a échappé à la catastrophe dont il meurt.

Il se trouvera pourtant des gens pour dire du premier :

« Il a eu la *veine* d'échapper à l'incendie. »

Tandis qu'ils plaindront le second en ces termes :

« Il *n'a pas eu* la veine de s'échapper sain et sauf. »

Tous les hasards malheureux ne permettent pas d'en éviter les conséquences et nous ne voulons pas dire qu'il est toujours possible d'échapper complètement à leurs coups.

Si l'on veut bien réfléchir, on verra que, dans l'exemple cité plus haut, l'homme qui s'est sauvé, celui qu'on qualifie de *veinard* pourrait trouver que le mot veine ne peut être prononcé qu'en évoquant la relativité.

Il a sauvé sa vie mais il a perdu son bien et restera pendant un temps plus ou moins long, tout dolent de sa chute.

Et voilà une leçon de choses, propice à démontrer la nuance existant entre le hasard et la veine.

On pourrait dire qu'il a eu la *déveine* d'être atteint par un *hasard* néfaste.

Le hasard c'est l'incendie.

La déveine c'est d'en avoir souffert.

L'habileté c'est d'avoir circonscrit la limite de cette souffrance.

Or pour les sages, il n'y a pas de déveine véritable.

La jouissance du raisonnement les sauvera toujours de l'abattement qui les livre à cette divinité pieds et poings liés.

Celui qui, tout en admettant le hasard, est décidé à en réglementer les causes, autant que cela peut être en son pouvoir, ne se laissera jamais asservir par une croyance dont l'effet principal est d'augmenter la fragilité mentale.

Il mettra tout en œuvre pour empêcher la déveine de se produire sous la forme de hasard néfaste, et, s'il lui est impossible de la supprimer complètement, il l'atténuera de son mieux et la supportera bravement, avec l'espoir de la revanche au cœur.

CHAPITRE VI

Le rôle de la Veine dans la vie

Le rôle de la veine dans la vie, est — on doit commencer à le croire, si l'on a lu avec attention les pages précédentes — infiniment moins considérable qu'on ne le pourrait prévoir.

Il serait peut-être plus juste de dire que ceux qui voudraient nous convaincre sont presque tous atteints de paresse physique et d'atonie intellectuelle.

Il est si commode de n'avoir qu'à se laisser vivre en chargeant une entité obscure de toutes les responsabilités que l'on ne veut pas endosser.

On remarquera pourtant que les partisans acharnés de cette doctrine sont les premiers à la renier, dès qu'il s'agit de leur vanité.

Ils sont tout disposés à attribuer leurs échecs à la colère de la veine ; mais vienne la réussite, ils n'évoqueront que leurs propres mérites.

La veine !... c'est bon pour les autres ; ils ont eu de la veine, simplement de la veine, tous les amis, tous les collègues, tous les concurrents dont on enregistre les succès.

Tous, suivant eux, ont dû la réalisation dont on les félicite à un concours si favorable de circonstances que, vraiment, on se demande comment ils auraient fait pour éviter cet heureux achèvement.

Ah ! s'ils pouvaient en dire autant !

Mais non, la déveine s'est acharnée après eux, assurent-ils avec la même insistance qu'elle a mise à éviter la maison du voisin.

Alors que faire ? Que tenter contre une chose intangible qui ne se manifeste que par des hasards malencontreux ?

Il est à noter que les gens qui se plaignent ainsi ne manquent de parler avec mépris de la réussite d'autrui :

« Oui, disent-ils, un tel a été *porté* par la veine jusqu'au point où il est arrivé ; il ne méritait point cette chance, cependant ; ah ! si moi j'avais été à sa place ! Si au lieu de la guigne qui s'est toujours attachée à moi, j'avais été favorisé par la même veine que lui ! »

Mais si la veine, sous la forme d'un hasard heureux que rien ne pouvait faire prévoir, franchit un jour la porte de cet homme, il ne manquera pas d'accabler ses amis moins favorisés de toute la hauteur de son dédain.

Dans ce cas, la veine disparaît; le hasard complaisant n'a jamais existé, l'habileté seule du vaniteux a tout conduit et s'il a pu toucher à un résultat aussi brillant qu'imprévu, c'est que, dira-t-il, lui seul en était digne, de par la vertu de ses mérites singuliers.

Cet esprit léger anime la plupart de ceux qui, trop faibles pour conquérir la veine, trop indolents pour la maîtriser et trop superficiels pour la maintenir, si par fortune elle les visite, sont heureux de donner à leur nonchalance un prétexte qui leur paraît plausible.

Le mal serait cependant moins grand qu'on ne pourrait le craindre s'ils se rendaient compte de leur mauvaise foi, mais il est très rare que la volonté de persuasion n'accomplisse point son œuvre.

A force de répéter qu'ils sont *déveinards*, ils finissent par ressentir les effets ordinaires de la suggestion.

Après avoir fait ces déclarations dans le but unique de sauvegarder leur amour-propre et de se ménager une excuse pour leur indolence, ils se sont lentement pénétrés des arguments qu'ils évoquaient, dans le principe, avec la seule idée de se disculper.

Il ne leur suffit pas de chercher à mériter l'indulgence des autres, ils veulent encore s'innocenter à leurs propres yeux.

Le prétexte est si commode, il flatte si bien

leurs tendances, que le second « Moi » accepte
avec ferveur les raisons d'absolution que leur
premier « Moi » leur dicte.

Peu à peu le phénomène amenant la conviction se produit et comme il est infiniment commode de se laisser aller à ses penchants en les
colorant du nom de nécessité, ils finissent par
s'abandonner définitivement à leur veulerie natu-
relle, en se créant des excuses qui ont d'abord
atténué, puis lentement, tué leurs remords.

« Comment, en effet, disent-ils, lutter contre
une force qui vous terrasse, sans qu'il soit possible de savoir d'où viennent ses coups? Le plus
sage n'est-il pas de se dissimuler de son mieux
et de tâcher, par son impersonnalité, de se faire
oublier de la terrible entité qui a nom hasard?

Et forts de cette argumentation, destinée à faire
illusion à eux-mêmes, ils s'enlizent de nouveau
dans les marais de la torpeur.

On rencontre aussi nombre d'exigeants, toujours prêts à se plaindre du rôle médiocre que
la veine joue dans leur vie.

Ceux-là ne se trouvent jamais satisfaits de son
intervention, si favorable puisse-t-elle être.

Ils voudraient la voir se manifester dans tous les
actes de leur existence et trouveraient tout naturel que le hasard se chargeât de leur bonheur.

Il est vrai que, de quelque manière que la
veine se montre à eux, ils seront toujours tentés
de critiquer ses effets.

Trop restreinte dans certains cas, ils la trouveront intempestive dans d'autres circonstances et si, occupée ailleurs, elle cesse un moment de les combler, ils se répandront en lamentations infinies, oubliant toutes leurs chances passées pour ne se souvenir que de la déception présente.

Il est rare que cette façon d'agir soit dictée par un autre sentiment que celui d'une indolence extrême, alliée à une présomption qui ne permet pas d'admettre la moindre infériorité.

En langage familier on traduit cette disposition mentale par la réflexion suivante :

« Il s'imagine que tout lui est dû. »

C'est en effet l'état d'âme habituel de l'exigeant ; rien de ce qui peut lui arriver d'heureux ne l'étonne ; si invraisemblable que soit la chance qui lui échoit, il la regarde comme le tribut obligé, comme l'hommage indispensable des choses, s'inclinant devant sa valeur personnelle.

En revanche si le hasard, mal déterminé par sa faute, ne lui donne qu'une demi-satisfaction, il s'élève en récriminations contre la fortune adverse, oubliant du coup toutes ses précédentes faveurs.

Comme l'indolent, l'exigeant supporte mal l'enchaînement des hasards contraires ; il est sans force contre la déveine et sa suffisance ne lui permet pas de la prévoir.

On voit encore des gens superstitieux s'appliquer à écarter l'idée de la déveine, en évitant de prononcer son nom.

Il ne s'agit pas pour eux de la nier fièrement en proclamant la supériorité de leur volonté.

En observant ce silence, ils obéissent à une sorte de fétichisme, au contraire.

Ils considèrent la déveine comme un ennemi dangereux dont il ne faut pas troubler le sommeil, parce qu'au réveil il pourrait s'aviser de fondre sur le maladroit qui l'a tiré de sa torpeur.

Ce sont les mêmes gens qui n'admettent pas qu'on les félicite sur les hasards heureux qui leur adviennent.

Si quelqu'un, animé des meilleures intentions, leur dit ces simples mots :

« Je vous félicite de la veine que vous avez eue »; ils se précipitent sur quelque objet propre à conjurer le mauvais sort.

Les uns touchent du bois avec ferveur en prononçant par trois fois la formule :

« Non évoqué. »

Dans leur imagination cette imploration s'adresse à la déveine qu'ils supplient de ne point apparaître, en l'assurant qu'on ne l'a point évoquée, ou, tout au moins, qu'ils ne sont pas les complices de leur interlocuteur.

Il en est qui, à l'audition du mot « guigne », serrent avec ferveur dans leurs doigts leur fétiche familier.

Quelques-uns s'arrachent vivement un cheveu.

Cet acte bizarre, quant à son opportunité surtout, a pour but d'apaiser la déveine en lui offrant un sacrifice.

On le choisit assez léger pour n'en guère souffrir, mais le superstitieux s'imagine avoir ainsi apaisé la divinité mauvaise, en lui dédiant cette mince douleur.

Une autre idée obscure préside aussi à l'accomplissement de ce geste baroque :

S'arracher un cheveu, faire un sacrifice, si léger soit-il, en faveur de la déveine, c'est l'honorer et la flatter en reconnaissant sa puissance.

Dans tous les *fétichards*, l'âme des anciens païens revit tout entière.

Quelle place occupent le raisonnement et la maîtrise de soi dans ces esprits tout emplis du fatras des superstitions discrètes ?

Il faut bien le reconnaître, elle est si étroite et ces deux vertus s'y trouvent si fort mal à l'aise, qu'il est très rare qu'elles persévèrent à y demeurer, même d'une façon fugitive.

Ils sont avec les indolents et les exigeants les jouets les plus ordinaires de la terrible entité qu'ils redoutent tant, car ils ne savent rien faire pour suspendre ses coups et sont incapables de les parer.

En employant un système tout opposé, les étourdis ne se conduisent pas plus sagement.

Ils s'engagent sans réfléchir et se disent :

« Si j'ai la veine je réussirai. »

Quelques-uns d'entre eux profèrent cette phrase qu'ils décorent du nom de raisonnement :

« Pourvu que la déveine nous laisse tranquilles, nous avons bien des chances de réussir. »

Il est patent que, dans n'importe quelle affaire, si bien conduite soit-elle, on doit toujours réserver la part de l'imprévu qui se manifeste sous les apparences de la catastrophe.

Les sages ne manquent jamais de faire entrer cette possibilité en ligne de compte et prennent toujours les précautions nécessaires en prévision d'un malheur que rien dans le présent ne fait cependant présager.

Mais les étourdis, ceux qui s'embarquent sur « des chances de réussir », qui sont tout prêts à célébrer leur veine et à s'en réjouir sans vouloir prévoir les moments difficiles, seront sans exception la proie des circonstances qu'ils ont laissées surgir.

Quand ce moment sera venu, ils se récrieront contre la déveine, l'accusant de tous les méfaits que leur imprudence seule a causés.

Dans toutes les circonstances de la vie, le rôle de la veine peut, à quelques exceptions près, se trouver modifié par la fermeté du raisonnement.

On entend tous les jours cette phrase, à propos d'une annonce de fiançailles :

« Le mariage est une loterie ; il faut avoir la veine de tomber sur un bon numéro. »

Pour faire comprendre la fausseté de cette remarque, il suffirait de bien vouloir se donner la peine d'observer.

Quelques minutes de raisonnement, basé sur le rappel de faits dont tous nous sommes les témoins quotidiens, viendraient très vite modifier cette appréciation.

Il est même très nécessaire de la combattre, car elle présente de véritables dangers pour le bonheur futur des jeunes époux :

S'ils se mettent en ménage avec l'idée que la paix de leur union et sa félicité dépendent simplement du hasard, ils ne s'efforceront point de les faire naître en observant les lois de l'indulgence réciproque.

L'étude mutuelle de leur caractère, déterminant le genre de concessions qu'ils doivent se faire, leur semblera une chose négligeable.

A quoi bon se donner tant de peine? S'ils ont eu la *veine* de tomber sur un bon numéro, ils doivent être heureux sans avoir besoin de se tracasser pour cela ; s'ils ont eu la *déveine* de tomber sur un mauvais, qu'y faire ? Le déplorer voilà tout.

C'est ce dernier parti que prennent la plupart des gens malheureux en ménage : ils se lamentent sur leur déveine, ne s'apercevant pas qu'ils accroissent et multiplient leurs sujets de mécontentement en leur donnant une importance qu'ils n'ont pas toujours en réalité. Le proverbe assurant que « on soulage ses peines en les racontant » a aidé à démoraliser plus de gens qu'il n'en a consolés.

C'est en contant ses peines, au contraire, qu'on les avive et les renouvelle.

Il faut toujours aussi tenir compte de l'exagération inconsciente qui fait pousser au noir les tableaux qui doivent exciter la commisération du prochain.

L'expression : « se monter la tête » dans sa naïveté retrace bien l'état d'esprit du conjoint qui se laisse entraîner aux confidences.

Si ses griefs ne semblent point aussi considérables à son interlocuteur qu'il aurait pu le penser, il n'hésite pas à les grossir.

Il est la plupart du temps d'assez bonne foi, car il estime que si les choses ne se sont pas exactement passées comme il les raconte, ce n'est guère la faute de celui qu'il accuse et qui est capable de tout ce qu'il lui attribue.

Aussi n'hésite-t-il pas à le charger de toutes les fautes qu'il lui suppose l'intention de commettre.

Ceci se passe dans le cas de contradiction.

Dans celui où le plaignant trouve un confident complaisant, les choses en sont empirées encore.

Celui qui se lamente voit sa peine renforcée de l'indignation de son confident.

Il en vient rapidement à se reprocher à lui-même de n'avoir pas donné à ses griefs toute la portée qu'ils comportent.

Il s'admire de sa patience et, l'amour-propre aidant, sort de ces entretiens avec la ferme résolution de ne plus montrer une pareille indulgence.

Que de fautes vénielles sont ainsi devenues, pour toutes les raisons que nous venons de donner, des sujets de haine et de séparation !

On doit encore faire entrer, dans les regrettables résultats amenés par ces épanchements, le facteur vanité comme un des plus sérieux agents de la désorganisation.

Il est de nombreux ménages qui restent séparés parce qu'ils n'oseraient plus reparaître unis devant ceux auxquels ils ont porté leurs plaintes.

Quel est donc la part de la veine dans tout cela ?

Il faut avouer qu'elle est bien mince et on la trouvera presque nulle si l'on veut se donner la peine de raisonner.

Il est très fréquent de voir deux époux divorcés à la suite de griefs imputés à leurs vices de caractère, se remarier et former des couples parfaitement heureux.

Que devient la veine, dans ces occasions ?

Nous entendons tous les jours dire à un mari divorcé :

« Ah ! je n'ai pas eu de veine à la loterie du mariage. »

Tandis qu'en parlant de la même femme, son second mari s'écrie :

« Ah ! on peut dire que j'ai eu de la veine à la loterie du mariage ! »

Si les termes ne sont pas identiques, l'idée est la même et il n'est pas rare de voir le second époux vanter les qualités d'une femme à laquelle le premier n'avait trouvé que des défauts en opposition avec les vertus prônées par son successeur.

Doit-on en conclure que cette femme ait pu changer en très peu de temps?

N'est-il pas plus rationnel de penser que ces bienheureux dons ont toujours existé mais qu'il n'a pas été donné à son premier époux de savoir les découvrir.

Et si le deuxième a su le faire, est-ce par l'effet de la veine, simplement ou par ceux de son observation, de son habileté et de sa connaissance du cœur humain ?

Nous en avons dit assez, je pense, pour faire admettre que le mariage n'a rien de semblable avec un jeu de hasard.

Dans cette association des corps et des âmes, la veine n'a guère l'occasion de se faufiler.

Certes les époux unis ne sont pas plus que les autres à l'abri des catastrophes et des coups du hasard, mais leur entente harmonieuse leur donne la force de les prévoir et celle de les supporter, s'ils n'ont pu les éviter.

Encore une fois la déveine se trouve vaincue par le raisonnement et la fermeté de direction.

Les natures faibles, celles qui se laissent influencer par les incidents défavorables, celles qui, contre les attaques de la déveine, ne connaissent d'autres armes que les larmes, seront toujours exclues des manifestations heureuses du hasard.

« Deux femmes, dit un conte oriental, se trouvaient un jour dans une grande peine.

« Elles se rencontrèrent et se firent de mutuelles confidences.

« Moi, dit l'une, je n'ai jamais trouvé le bouheur sur ma route ; jamais il n'a daigné m'effleurer ; je n'ai jamais vu que la face sinistre de la douleur. »

Sur ces mots elle s'accroupit en pleurant et se cacha la face dans un pan de son manteau.

« Je suis aussi à plaindre que vous, dit la seconde, je n'ai jamais vu le sourire de la joie, mais j'ai souvent rencontré le malheur sur ma route.

« Cependant, ajouta-t-elle, je ne désespère pas et je continue à tenir mes yeux ouverts, m'attendant toujours à voir surgir l'heureuse chance. »

L'autre ne répondit que par des sanglots.

« Venez, continua son interlocutrice, nous con-

-tinuerons notre route ensemble et en nous informant des endroits où il passe, nous pourrons peut-être saisir le bonheur. Prenez mon bras et marchons avec courage. »

La désespérée se contenta d'enfoncer sa tête entre ses genoux en redoublant de larmes.

Celle qui avait parlé, haussant les épaules, se remit en marche seule, animée de volonté et de résolution.

Au détour du chemin elle jeta les yeux sur sa malheureuse compagne.

Quel ne fut point son étonnement !

Devant le tas gémissant qu'elle formait, le *bonheur* passait, s'arrêtait un moment, puis se remettait en chemin après un geste dédaigneux.

Les yeux de la femme de volonté ne pouvaient se détacher de la forme si longtemps rêvée ; sans la perdre de vue elle marcha vers elle. Le bonheur la vit alors et, frappé de la fermeté de son regard, s'arrêta un moment en lui faisant signe d'approcher.

Toute l'histoire de la veine est contenue dans ce conte : Combien de gens prétendent qu'elle n'a joué aucun rôle dans leur vie, alors qu'ils l'ont tenue souvent à portée de leur main et l'ont laissée partir sans l'arrêter.

Les uns, parce que, comme la femme du conte, trop absorbés par une douleur inutile, ils ne prenaient pas la peine de relever la tête pour regarder autour d'eux, les autres parce que la voyant de loin, ils n'ont pas su la reconnaître ; d'autres enfin parce que l'énergie leur a manqué pour accomplir le geste d'appel.

Il en est encore qui la maudissent parce qu'elle semble se détourner d'eux et les délaisser complètement.

Ils ignorent la puissance de la vertu d'expectative. La veine passe toujours dans la vie d'un homme ; il s'agit de tenir ses yeux ouverts pour la reconnaître et la suivre.

Si l'on veut analyser sérieusement l'existence de ceux qui se disent en proie à une déveine constante, on verra que la veine est venue plusieurs fois les visiter ; mais mal accueillie ou méconnue, elle n'a pas prolongé son séjour ou a négligé de s'arrêter.

Combien de gens accusent une déveine dont beaucoup d'autres feraient un bonheur !

La question de relativité est aussi une des moins négligeables dans les appréciations de ceux qui se plaignent de leur sort.

Tel homme se déclarera ruiné alors que les débris de sa fortune feraient la richesse de gens moins exigeants.

L'ambition d'un travailleur n'atteint quelquefois pas, pour une fortune définitive, le chiffre des revenus qu'un autre considère comme une sorte de misère.

Pour savoir apprécier la veine, il ne faut pas lui demander trop.

Vouloir exclusivement compter sur le hasard heureux pour régler sa vie est le fait d'un insensé ou d'un indolent.

La veine est comme sa sœur la fortune, elle sourit aux audacieux, mais elle aime surtout les sages et les prévoyants, c'est près d'eux qu'elle se plaît et s'établit le plus volontiers.

De temps en temps elle s'égare et franchit le seuil du fou ou celui du nonchalant, mais à peine s'y est-elle posée qu'elle s'envole bien vite, mise en fuite par les défauts qu'elle exècre le plus.

CHAPITRE VII

Les grands hommes et la veine

On a coutume de dire que la fortune (en langage familier la veine) a souri aux grands hommes dont on nous conte l'histoire.

La genèse de la plupart des découvertes, dit-on parfois, est surtout due à la veine.

Et l'on cite des exemples :

C'est par hasard, assure-t-on que Newton fit coïncider la découverte du principe des lois de la pesanteur avec la chute d'une pomme.

Ce phénomène très simple fut pour lui le signal d'une observation qui aboutit aux magnifiques travaux du savant, dont l'application devait être si utile aux hommes.

Si l'on veut prendre la peine de raisonner, on conviendra que si cette chute s'était produite devant un esprit peu préparé à l'étude de ce problème, elle n'aurait occasionné aucune pensée convergente.

Même à présent que cette anecdote est connue de tous, on voit tous les jours des pommes se détacher de l'arbre et tomber à terre sans pour cela songer aux lois de la pesanteur qui, cependant, sont maintenant révélées.

Il fallait donc que le savant fût préparé à ce hasard par une longue recherche et une application constante.

C'est parce que la chute de la pomme survenait au milieu d'une méditation ayant pour objet son but ordinaire qu'il fut éclairé comme par une vive lumière et trouva dans ce phénomène si naturel la solution qu'il cherchait depuis si longtemps.

On a dit souvent que Christophe Colomb avait eu la grande chance de voir apparaître la terre au moment où ses compagnons démoralisés songeaient à se révolter.

Si cette apparition avait tardé de quelques jours, on assure que le grand navigateur eût été massacré par les matelots ivres du désir de retourner dans leurs foyers et d'abandonner une expédition qu'ils croyaient inutile.

S'ils consentirent à surseoir à l'exécution projetée, c'est que Colomb leur avait demandé quelques heures de patience seulement, au bout desquelles il leur faisait le serment de leur montrer la terre.

Avant l'expiration du délai la ligne bleuâtre de la terre surgit à l'horizon.

Et l'on conclut à la veine.

Eh bien non, ce n'était pas de la veine, mais la récompense de la fermeté d'âme, jointe au sentiment aigu de l'observation.

Lorsque Colomb promettait la vue de la terre à ses compagnons, il savait qu'elle ne pouvait être loin, car il avait aperçu une herbe flotter sur les flots.

Il conclut donc, avec la netteté de jugement qui caractérise tous les hommes supérieurs, que ce débris de plante indiquait une végétation proche.

L'apparition de la terre n'était donc point un coup de veine pour lui, mais bien le couronnement d'efforts héroïques, accomplis avec le sang-froid magnifique et l'esprit d'observation que l'on trouve à la base de toutes les réussites célèbres.

La veine est souvent personnifiée par l'habileté à saisir les occasions.

Mais cette aptitude dénote des qualités d'observation dont le point de départ est la fermeté d'âme et la volonté, qui permettent d'acquérir le sang-froid et la lucidité nécessaires à la découverte d'abord, à l'application de ces connaissances ensuite.

Les indolents se plaignent de la déveine qui ne les met jamais à même de saisir une occasion.

Ceux qui sont décidés à réussir les rencontrent toujours, car ils les saisissent avec empressement et les guettent avec assiduité.

Pour tous les hommes qui ont laissé un nom dans l'histoire, la volonté, la persévérance et l'activité d'esprit ont été les générateurs de la veine.

Celui qui ne possède pas ces qualités se trouve souvent face à face avec elle, mais il ne l'aperçoit pas et la laisse improductive, car son esprit engourdi ne sait pas lui suggérer le moyen de la reconnaître.

Il est vrai qu'elle ne se présente pas toujours toute formée : ce n'est pas sans exception, le brillant papillon qui vient se poser sur la main de ceux qu'il choisit et auxquels, pour quelques instants, il apporte la joie de ses apparences somptueuses et éclatantes.

C'est très souvent une larve que les étourdis, les ignorants, les esprits non avisés écrasent sans l'apercevoir.

Les indolents la remarquent bien parfois, mais ils reculent devant l'effort de la recueillir.

Avant de se résoudre à accomplir cet acte ils songent aux lenteurs de l'éclosion, aux aléas qu'elle comporte et renoncent à produire la série de gestes destinés à seconder cette transformation.

Ils aiment à se persuader que leurs soins seront superflus, qu'ils les dispenseront en pure

perte et se consolent de l'occasion négligée par
ces mots que tout homme de volonté devrait
rayer de son vocabulaire : « Ça n'aurait pas
réussi ! »

C'est en s'excusant de son inertie qu'on arrive
à l'aggraver en la rendant habituelle.

Ceux qui ont connu le succès définitif sont
toujours ceux qui n'ont jamais douté de la réussite.

On pourrait s'étonner, cependant qu'ils n'aient
jamais été découragés par les échecs partiels
qu'ils ont dû subir, car tout achèvement com-
plet comporte des errements et des déconvenues.

Ceux qui ont atteint le but n'ont certes point
été exemptés de ces misères ; mais elles n'ont
point affaibli leur courage, car au lieu de mettre
leurs déceptions sur le compte de la déveine,
considérée comme une entité indéfinie s'acharnant après eux, ils ont examiné froidement les
causes de l'échec, en se promettant de tenir
compte dans l'avenir des fautes commises ou
des inhabilités, dont le résultat fut ce qu'il devait
être.

Si ceux dont la postérité nous a transmis le
nom sont parvenus à acquérir la renommée c'est
qu'ils ont obéi aux règles principales de toute
heureuse réalisation.

Ils ont d'abord examiné attentivement l'idée
qui contenait le germe de l'entreprise.

Ils se sont ainsi rendu compte des possibilités d'achèvement qu'elle comportait.

C'est seulement après avoir acquis la conviction de sa réussite possible qu'ils l'ont envisagée comme une œuvre à laquelle ils devaient consacrer leurs efforts.

A partir de ce moment ils s'y sont entièrement dévoués, rapportant les plus menus événements de la vie au sujet de leur préoccupation et tirant profit de tous les enseignements apportés par les choses.

Qu'y a-t-il d'étonnant à ce qu'un de ces événements devienne la source du succès ?

Faut-il alors l'attribuer purement à la veine et nier que, sans toutes les qualités d'observance et d'endurance mentionnées plus haut, le même événement aurait pu surgir sans provoquer l'apparition de la bienheureuse entité, s'il n'avait eu pour témoins que des indifférents ou des indolents ?

Si Jenner n'avait point constamment tenu son esprit bandé vers une aspiration, nous ignorerions peut-être encore les bienfaits du vaccin.

Il était tout jeune étudiant lorsqu'une campagnarde vint le consulter.

La forte fièvre qui l'agitait fit craindre au futur médecin l'apparition de la variole, si répandue à cette époque.

Mais la fille s'écria avec conviction :

« C'est impossible, parce que j'ai déjà eu la maladie des vaches. »

Et Jenner intéressé, apprit que dans la contrée où habitait la jeune femme, on assurait que les gens ayant été contaminés par les vaches atteintes d'une certaine maladie se regardaient comme immunisés.

Il n'y avait pas d'exemple, ajouta-t-elle, qu'aucun de ceux-là fût jamais la proie de la petite vérole.

L'attention de Jenner se fixa immédiatement sur cette observation que tant d'autres auraient négligée et il mit tout en œuvre pour en contrôler la véracité.

On pourrait voir dans la visite de la paysanne et dans son exclamation une intervention de la veine.

Certes, c'était là un heureux hasard, mais ce même hasard ne s'était-il pas présenté déjà à des médecins qui l'avaient négligé ?

Quoi qu'il en soit, à partir de ce moment, la volonté et la persévérance concoururent à transformer ce hasard.

Nous ne redirons point ici les années d'observations, puis les années de lutte qui marquèrent le triomphe du savant.

Il eut à combattre, comme tous les novateurs, la routine et l'obscurantisme.

Mais l'opposition qu'il rencontra fut particulièrement difficile à vaincre, car elle venait non

7

seulement du peuple, mais encore de ceux qui sont chargés de l'éclairer.

La vaccination fut stigmatisée du haut de la chaire comme une invention diabolique.

Aussi le peuple, amplifiant comme à l'habitude l'impression venue, ne tarda-t-il pas à ajouter foi aux inventions les plus baroques.

Il se trouvait des gens pour assurer que les nouveaux vaccinés voyaient se former sur leurs têtes des protubérances indiquant la place des cornes, tandis que leur voix s'enflait comme le mugissement des vaches.

Jenner lutta vingt ans avant de faire passer dans l'esprit de ses contemporains la conviction qui l'animait.

Lorsque, sur le soir de la vie, il fut récompensé par la fortune et les honneurs, aurait-on eu le droit de dire qu'il avait eu simplement de la veine ?

Dans ce cas, il faudrait avouer qu'il a su magnifiquement la pousser.

Il est encore des partisans du fétichisme pour assurer que Bernard de Palissy a eu de la veine, car ce sont les derniers débris de sa maison qui ont amené la fonte de l'émail ; quelques heures de plus et, faute de matériaux, le grand artiste, endetté et dénué de tout aurait été réduit à la plus noire misère, et, probablement, dans l'impossibilité de tenter d'autres efforts.

C'est peut-être vrai et la persévérance du

maître de l'art céramique aurait pu être dépensée en vain ; mais on ne doit pas nier qu'il ait fait l'impossible et qu'à sa place mille autres auraient perdu courage avant que la veine ait surgi sous forme d'une récompense bien méritée.

L'invention de la porcelaine de Saxe pourrait encore être attribuée à l'intervention de la veine par des observateurs superficiels.

Cependant on trouvera là encore une application forcenée et une volonté de direction mises au service de l'habituelle préoccupation.

Bœttgher étant au service du grand électeur de Saxe — qui voulait obtenir de lui la transmutation des matériaux — fut entraîné à rechercher la transformation de l'argile en porcelaine et s'appliquait à en déterminer la composition, sans arriver complètement à la découvrir.

Quelques vases importés de Chine lui avaient donné le désir d'imiter l'art des Orientaux.

Il se mit au travail avec ardeur, mais ses efforts n'étaient point couronnés de succès et il commençait à désespérer, lorsqu'un jour, trouvant sa perruque très lourde, il s'avisa d'analyser la poudre qui la recouvrait.

Le kaolin fut découvert ainsi et ce fut là l'origine de la production aussi artistique que rémunératrice des magnifiques porcelaines de Saxe que nous admirons tous.

Le rôle de la veine se confond ici avec celui

du hasard. Pourtant, si l'on veut bien y réfléchir, on verra que la fermeté d'une pensée directrice peut surtout être distinguée dans ce superbe résultat.

Tant d'autres inventeurs, moins avisés et d'esprit plus indolent, se seraient contentés de secouer la poudre de la perruque sans avoir l'idée de l'analyser et d'en faire l'objet de nouvelles expériences !

Les grands généraux n'ont pas été non plus épargnés par les fétichards qui se sont plu à leur attacher l'étiquette de veinards.

Il se trouve encore des gens pour dire que Napoléon peut, dans sa vie, compter une grande part de veine.

Il est certain que la manifestation de son génie coïncide avec l'apparition de troubles politiques qui lui ont permis de se tailler une place à sa mesure, dans un pays désorganisé par la Terreur et envahi par l'étranger.

Sous un autre régime, il ne fut peut-être jamais devenu empereur, mais on peut penser aussi que le calvaire de Sainte-Hélène lui aurait été épargné.

Il n'en est pas moins certain que Napoléon, s'il a eu, pour employer l'expression dont nous parlons, la veine de naître à une époque où son génie pouvait se donner carrière, il a su profiter de cette veine en accomplissant là plus somptueuse des réalisations.

Il est impossible de trouver un exemple plus frappant de fermeté d'âme et d'indomptable volonté.

Il supprime les Alpes en ordonnant l'édification de la route du Simplon ; il prétend rayer le mot *impossible* du dictionnaire français ; et sa conduite donne raison à toutes ces prétentions qu'elle transforme en faits.

Sa vie est la réfutation de la croyance superstitieuse en une puissance obscure, agissant à notre insu et dirigeant nos actes.

Ses contemporains le nomment non pas « le glorieux » mais l'organisateur de la Gloire.

Son désir puissant rayonne autour de lui et transforme les incertitudes en volontés éprouvées.

Pour les simples, cet élu de la veine est devenu un fétiche lui-même ; sa vue les électrise et détermine les actes héroïques.

Il est impossible de trouver un exemple plus frappant de volonté soutenue et de cohésion dans les aspirations.

Dans un autre ordre de sentiments, nous trouvons le célèbre explorateur Livingstone qui débuta comme ouvrier dans une filature de Glascow.

Les impuissants déclarent volontiers qu'il a eu la veine de trouver une mission qui l'a mis en lumière.

Mais sait-on bien comment il a mérité cette veine-là ?

Sans quitter son travail d'ouvrier, il s'instruisit lui-même, économisant sur son salaire pour se procurer les livres indispensables.

Il fit ainsi ses études médicales, et se fit admettre au degré de licencié.

Nous ne parlerons pas de sa vie, tout entière vouée aux périlleuses entreprises ; mais il faut convenir que s'il a conquis la gloire, sa valeur personnelle pesa dans la balance de l'immortalité d'un poids plus lourd que celui de la veine.

On pourrait remplir des volumes avec d'aussi authentiques biographies, dans lesquelles il ne peut être question de la veine que sous forme d'un hasard, qui eût passé inaperçu par la plupart des hommes auxquels il se serait adressé. Mais cette heureuse chance fut saisie dès son apparition par ces esprits subtils qui la firent magnifiquement fructifier, en trouvant dans leur fertile cerveau les moyens de l'appliquer.

En eût-il été de même si cette veine avait passé dans la vie des indolents ?

Nous sommes en droit d'affirmer le contraire, car la veine fuit les hommes qui ne savent point la faire valoir et ceux qui la méconnaissent, sous les traits, parfois un peu bizarres, qu'il lui plaît d'adopter pour se montrer à eux.

CHAPITRE VIII

Comment asservir la veine

Nous avons suffisamment prouvé, je pense, que la veine n'est pas une chose aussi fortuite que les *fétichards* veulent bien le proclamer.

S'il n'est pas toujours possible de hâter son apparition, il est hors de doute que l'on peut cependant l'espérer, car elle ne manque jamais de se rendre aux sollicitations pressantes de celui qui sait les moyens de l'attirer.

Mais pour en ressentir les bons effets, il ne s'agit pas seulement de la reconnaître au moment où elle surgit et d'attendre qu'elle veuille épandre ses faveurs sur nous.

Les faibles et les impuissants agissent ainsi.

Les âmes fortes savent l'arrêter, la plier à leur volonté, en un mot l'asservir.

Ceux-là ne sont pas les esclaves de la veine, ils en sont les maîtres.

Les moyens les plus efficaces pour asservir la veine sont de deux essences différentes.

Les qualités morales ;

Les influences physiques.

Les qualités morales pourraient se dénombrer ainsi :

La vivacité de compréhension ;

Le discernement ;

La décision ;

La connaissance des valeurs morales et matérielles ;

La patience ;

L'initiation au prix du temps ;

L'activité effective ou latente.

La vivacité de compréhension est indispensable pour saisir la portée de l'événement représentant, déterminant ou engendrant la veine.

Ainsi qu'il est facile de s'en rendre compte en relisant les chapitres précédents, la veine ne se présente que très rarement sous l'aspect de la réussite complète.

Il est parfois assez difficile de la reconnaître et une grande vivacité d'esprit est nécessaire pour comprendre tout le parti que l'on peut tirer d'un événement qui ne prendra le nom de veine que si, par notre habileté, nous parvenons à le développer de la façon la plus propice à la réalisation que nous souhaitons.

La vivacité d'esprit amène la représentation immédiate des avantages susceptibles de découler d'un fait qui, pour de moins avertis, n'accuserait aucun relief.

C'est en négligeant maints détails dont l'importance leur paraît secondaire que des étourdis ou des nonchalants évitent de cultiver la semence contenant en germe la suite de hasards heureux que l'on appelle la veine.

Elle se présente parfois sous une forme insolite ou montre plusieurs aspects sous lesquels il importe de la découvrir.

C'est là le fait du discernement.

Le discernement est l'action de choisir une détermination en basant cette préférence sur le raisonnement.

Ceux qui savent discerner écartent sans hésiter les chances douteuses pour s'attacher à augmenter celles qui leur semblent de nature à contenir la réalisation qu'ils poursuivent.

Mais cette sélection doit, dans presque tous les cas, être l'objet d'une décision rapide, car les imprécisions sont les ennemies du succès.

Les résolutions flottantes ont toujours pour résultat l'échec.

Celui qui ne sait point s'arrêter à une décision, même imparfaite, qui ébauche un plan, l'abandonne pour en adopter un autre, revient sur le plan pour le délaisser ensuite, ne connaîtra jamais le succès.

Si nous avons tout à l'heure parlé de résolutions imparfaites, c'est qu'il en est bien peu qui ne présentent point d'inconvénients.

Pour les penseurs, la solution la plus heureuse renferme toujours un sujet d'inquiétude et parfois le germe d'un danger.

Mais ceux qui se sont exercés aux résolutions promptes savent rapidement calculer la somme des avantages et celle des difficultés ; une simple soustraction mentale dictera ensuite leur décision qui, une fois prise, doit, en toutes circonstances, être solidement maintenue.

Dans l'opération cérébrale précédant la décision, aussi bien que dans les actes qui l'affirmeront, la connaissance des valeurs est une science primordiale.

La question de relativité joue le plus grand rôle dans la conquête de tous les biens.

Ce n'est qu'en évaluant les choses à leur taux véritable qu'il est possible de leur assigner un rang dans les possibilités favorables, dont le nombre doit l'emporter sur les chances douteuses.

C'est en étudiant les coïncidences et les rapports des choses entre elles que l'on parviendra seulement à leur attribuer leur valeur véritable.

Il en est qui, très désirables pour les uns, doivent être négligées par les autres.

D'autres, dont la valeur pourra paraître infime dans certaines circonstances, prennent, suivant les cas, une importance primordiale et deviennent le point de départ d'un succès dans lequel les profanes ne voient que l'intervention de la veine.

Mais à la connaissance des valeurs morales, il est indispensable d'adjoindre celle des valeurs matérielles.

Avant tout celle de l'argent doit être l'objet d'une étude raisonnée que des rappels constants de la raison viendront renforcer et entretenir.

La science de l'économie est l'auxiliaire la plus puissante de la veine.

Connaître la valeur de l'argent, au sens de ce qu'il peut aider à réaliser, fut le point de départ de toutes les entreprises que l'on a déclarées favorisées par la veine.

La connaissance de la valeur de l'argent est génératrice de l'indépendance ; c'est le secret de la quiétude, si nécessaire dans toute réussite.

La sécurité d'une possession suffisante calme les agitations que les embarras financiers amènent à leur suite ; elle libère la pensée de soucis mesquins, dont la multiplicité diminue l'essor de l'intelligence ; elle éloigne le découragement et prévient les velléités de rébellion.

Il ne s'agit point ici de louer la parcimonie ; amasser de l'argent pour satisfaire un penchant à l'avarice est une action vile et inutile ; mais épargner dans le but de faire face aux exigences des fins que l'on poursuit est un indice de fermeté de caractère, qui allie la prévoyance à la fierté.

La veine ne sourit guère aux prodigues, que d'une façon intermittente, car ils perdent aussitôt le fruit de ses faveurs en dissipations inutiles.

On les voit ensuite implorer vainement le retour de la divinité qui, dans le cas où elle aurait la faiblesse de se laisser toucher, serait vite mise en fuite par leurs agissements.

Quelle réalisation peut espérer un prodigue qui, par ces imprudences, se trouve toujours en état d'infériorité, soit qu'il ne puisse remplir ses engagements, soit qu'il se trouve réduit à l'humiliation des emprunts ?

Comment peut-il prétendre dicter des volontés s'il se trouve obligé de mendier l'appui des autres ?

L'économie bien entendue fut, on le sait, le point de départ de bien des fortunes ; c'est aussi le secret de beaucoup de réussites attribuées à la seule vertu de la veine.

C'est à coup sûr le moyen certain de ne point la laisser fuir et ce peut être très souvent celui de la capter car la conscience de l'indépendance matérielle donne à ceux qui la possèdent une lucidité de jugement que ne pourront jamais produire ceux dont l'esprit est tenaillé par les inquiétudes découlant des soucis matériels.

Si l'on ne devait point épargner par raison, il faudrait le faire par fierté.

La veine n'aime guère les humbles et, comme sa sœur la Fortune, elle a un faible pour les au-

dacieux qui savent se libérer des louches com-
promissions auxquelles le manque d'argent oblige
les prodigues et les dissipateurs.

Mais la connaissance des valeurs ne concerne
pas seulement celles de l'argent et du rapport
des choses, elle porte encore, nous dirions presque, elle porte surtout sur l'appréciation de la
valeur du temps.

Le temps peut être considéré comme plus
précieux que l'argent, en ce sens qu'on ne le
remplace pas.

Celui qui émiette les heures dans des besognes inutiles ou qui les laisse couler dans l'i-
naction est fou à l'égal de l'homme qui laisse-
rait filtrer à travers un crible toute la poudre
d'or qu'il aurait recueillie dans le lit du fleuve.

Il pourra retrouver d'autres parcelles précieu-
ses, mais celles qui sont rendues au courant,
il ne les reverra jamais.

Il en est de même des minutes que l'on dila-
pide ; le cours de la vie les entraîne et elles dis-
paraissent sans laisser après elles une œuvre
qui console de leur départ.

Le mépris de la valeur du temps entraîne aussi
l'inexactitude ; or la veine n'aime pas attendre.

Elle ne veut jamais arriver la première au
rendez-vous et s'en retourne si elle ne trouve
personne.

La ponctualité est l'hommage qu'elle préfère
et elle reviendra rarement aux rendez-vous que

lui donnera par la suite celui qui l'aura manquée une fois.

Le temps est la seule richesse qui soit départie également à chacun ; il en est qui épuisent leur trésor sans profit pour eux-mêmes ni pour personne d'autre.

Certains au contraire comprennent l'importance du capital qui leur est départi et en agissent avec le temps comme avec l'argent ; ils ne le dépensent qu'à bon escient.

S'il leur est impossible de le capitaliser en substance, ils en capitalisent la représentation, car chacune de leurs heures étant dévouée à une besogne utile, ils retrouvent le temps écoulé sous forme de réalisations.

Les paresseux, les traînards, ceux qui s'intéressent à des besognes oiseuses ne rencontreront que difficilement la veine, car ils oublieront toujours l'heure du rendez-vous qu'elle leur a fixé.

C'est dans le vide des heures que la déveine se complaît davantage ; les fortes et utiles occupations l'effarouchent et elle ne demeure jamais dans le logis des gens actifs.

La déveine recherche aussi la fréquentation des impatients qui ne savent point attendre le succès.

Ce n'est pas assez de déployer les qualités que nous venons d'énumérer ; il est encore nécessaire de se munir de patience pour en attendre les bienheureux effets.

Pour ceux qui ont travaillé avec confiance, ceux qui après avoir rapidement discerné le fait porteur du germe de la veine se sont employés par tous les moyens à le faire éclore, l'ardeur impatiente est un écueil redoutable.

C'est en voulant le hâter qu'ils compromettent le résultat attendu et rendent inutiles tous les efforts précédents.

Il est besoin de plus de fermeté d'âme pour attendre avec calme une solution espérée que pour accomplir des démarches nombreuses visant ce même résultat.

L'expectative est une force, l'agitation inutile une faiblesse.

Il faut savoir discerner les dangers de l'action qui, dans certains cas, peuvent être atténués par une sage modération et une prudence, d'autant plus méritoire, qu'elle consiste à rester spectateur des événements dont on a provoqué la production, ou — ce qui est pis encore — à attendre cette apparition sans rien faire pour la hâter.

Les satisfactions trop précoces entament trop souvent l'avenir.

C'est encore le fait du discernement de connaître l'attitude imposée par les circonstances.

Il est parfois nécessaire de consommer un coup d'audace, mais une longue patience et la science de l'expectative opportune, sont des facteurs dont l'intervention est nécessaire au même titre.

Il est, du reste, inutile de dire que par le mot expectative, nous ne voulons exprimer que l'obligation de réprimer toute velléité d'acte intempestif, car celui qui sait découvrir la veine et en profiter, ne reste jamais entièrement inactif.

Son oisiveté apparente dérobe une ardeur cachée et l'unité de l'aspiration dont l'influence est indéniable viendra, même dans cette muette attente, corroborer les effets que la vivacité de compréhension, les qualités de décision et la science des valeurs ne peuvent manquer de déterminer.

Cet arrêt momentané de l'action peut même avoir des conséquences profitables à la production de la veine, car il permettra une concentration à laquelle l'action ne laisse pas toujours le loisir de se livrer.

La contemplation de l'idée en donnant la latitude de s'isoler des choses du dehors, favorise la réflexion et laisse apercevoir des fautes que, dans le tourbillon de l'action, il n'est pas toujours donné de nettement percevoir.

Elle préserve encore de l'éparpillement des pensées en les maîtrisant et en les empêchant de s'évader à la suite de pensées parasites, toutes prêtes à devenir des pensées dérogatoires.

L'expectative enfin, permet de se recueillir et de rassembler des forces nouvelles pour rentrer dans une lutte dont la veine est le prix.

Les influences physiques n'ont pas moins d'importance car elles ont toutes une répercussion certaine sur le moral.

En tout premier lieu, il faut compter l'influence des mots.

On ne peut nier l'attraction produite par l'énoncé des mots, dont la vertu est par-dessus tout évocatrice.

La répétition des mots générateurs de confiance sera une façon certaine de la faire surgir.

Il se dégage des vocables souvent redits, une suggestion qu'il serait vain de ne point admettre.

Si l'on se dit à propos : « Je réussirai », ces mots, marquant une conviction infaillible, affermiront l'âme et la prépareront à recevoir la visite tant désirée de la veine, en la réconfortant et en la conviant à régenter de nouvelles tentatives.

La magie des mots est toute puissante.

'Il en est qui éveillent en nous des sentiments de patriotisme, d'autres font vibrer notre sentimentalité, d'autres emplissent notre cœur d'amertume.

C'est pourquoi celui qui veut asservir la veine ne devra jamais prononcer, même mentalement, des phrases de doute.

Il s'appliquera, au contraire, à émettre souvent les paroles productrices de la représentation qu'il désire personnifier.

Il arrêtera sur ses lèvres les protestations contre la chance contraire et, au lieu de proférer tout

haut cette pensée : « J'ai de la déveine » il dira :
« La veine n'est pas encore venue, mais *elle
viendra, car elle ne peut manquer de venir.* »

Son esprit se trouvera, malgré tout, rasséréné
par cette assurance et il sortira de l'épreuve tout
plein d'une ardeur renouvelée.

L'impression qui se dégage des choses exté-
rieures est encore un excellent facteur de veine.

La maussaderie du milieu dans lequel nous
évoluons ne peut manquer de répandre sur notre
esprit les teintes moroses du doute et les tris-
tesses de la mélancolie.

La puissance de l'ambiance et celle de la cou-
leur sont si réelles que l'on associe couramment
l'état d'esprit avec la nuance éveillant un sentiment analogue à l'idée qu'il est censé représenter.

On dira : « Je vois la vie en rose » ou « Je vois
la vie en noir », suivant la pente aimable ou désespérée des aspirations et des espoirs.

Il existe même des couleurs et des sentiments
concordants : « Être dans le bleu » symbolise
un état sentimental heureux.

Par les « grisailles » de l'existence, on entend
décrire une vie sans relief, dont la monotonie
ne se teinte d'aucune joie définie.

« Broyer du noir » est une expression indiquant la désespérance.

On dit familièrement de celui qui s'est laissé

aller à un mouvement tragique : « Il a vu rouge ».

Enfin c'est le blanc qui synthétise toutes les idées d'innocence et de pureté.

Il n'est donc pas téméraire de penser que l'aspect des choses dont on s'entoure ordinairement influe sur le moral, au point de déterminer des manifestations se rattachant étroitement à leur apparence.

Ceux qui désirent asservir la veine auront donc soin de s'employer à égayer leurs habitations et de les rendre accueillantes, par tous les moyens qui sont en leur pouvoir.

La déveine ne hante guère les seuils ornés de fleurs et les maisons où le rire s'égrène.

A défaut d'une gaîté que les circonstances ne laissent pas toujours épanouir, une sérénité tranquille l'éloignera bien plus sûrement que n'importe quel exorcisme.

Celui qui veut asservir la veine ne doit pas oublier qu'un esclavage trop dur aboutit toujours à la rébellion.

C'est en la pressentant d'abord, en la découvrant ensuite, puis en l'acclimatant soigneusement que l'on parviendra seulement à la fixer.

Ce sera alors le moment d'agir en maître.

Dominer les circonstances, guider le hasard, esquisser ses coups et se trouver sur son passage pour recueillir ses sourires, tous ces actes différents, mais convergents cependant, se résument en un seul but: asservir la veine.

Asservir la veine c'est enchaîner le caprice du sort, diriger les événements et corriger la destinée qui, malgré ce qu'en peuvent penser les fétichards, est apte à se plier aux ordres de celui qu'elle reconnaît pour son maître.

CHAPITRE IX

Les ondes de la veine

Les anciens symbolisaient la Fortune sous les traits d'une femme aveugle dont le pied agile faisait mouvoir une roue.

Ils voulaient démontrer ainsi le rôle du hasard dans les arrêts soudains ou dans la fuite de cette entité.

Aussi disait-on volontiers de celui qui avait pu fixer cette éternelle fugitive, qu'il avait « enfoncé un clou dans la roue de la Fortune »; ce qui équivalait à déclarer qu'il l'avait mise hors d'état de tourner et, partant de là, de quitter les lieux où il avait médité de la retenir.

Par une métaphore analogue on indiquait encore le rôle de celui qui avait été assez adroit pour arrêter l'inconstante en disant de lui : « Il a enchaîné la fortune. »

C'est assez prouver que la sagesse des nations,

résumée en proverbes, adopta toujours la croyance de fluctuations dans l'état que chacun convoite et que tout le monde possède à des degrés différents et à des doses diverses : celui du mortel favorisé par le contact de la déesse, connue tour à tour sous les noms de Fortune, de Chance et sous celui plus moderne et plus familier de Veine.

Certains penseurs trouvent plus exact de déterminer cette dernière par des ondes dont l'afflux se produit à des intervalles irréguliers mais certains.

La veine, disent-ils, a comme l'océan des vagues incessantes que le flux et le reflux éloignent ou rapprochent des habitants de la rive.

Or il en est d'assez maladroits pour ne jamais se trouver présents au moment où les ondes s'étalent sur la grève.

Ils partent trop tôt et perdent patience en attendant l'heure du flux ou se décident trop tard et arrivent au moment où les eaux se retirent.

Ceux-là seraient tout prêts à jurer que la mer n'a jamais caressé le rivage qu'ils habitent et ils envient leurs voisins qui trouvent le moyen de s'ébattre parmi les flots, alors qu'ils n'ont jamais foulé que le sable aride de la grève.

N'est-ce pas, en effet, l'image de ceux qui se répandent en lamentations et déclarent, sans s'apercevoir de l'absurdité de leur affirmation :

« Je n'ai jamais rencontré la veine » ou encore :
« J'ai été poursuivi toute ma vie par la guigne. »

Il n'y a guère d'exemple d'un tel acharnement et si l'on veut bien reconstituer la vie de tous ces déveinards, on s'apercevra qu'avec la moitié de leur veine un homme adroit et avisé fût parvenu à la fortune.

Ils sont légion ceux qui ne savent pas guetter le moment favorable pour mettre à la mer l'embarcation qu'ils devront rapporter pleine du produit de leur pêche.

Pourraient-ils sans mauvaise foi accuser le sort s'ils n'ont pas su s'éveiller avant l'aurore pour mettre à profit les heures propices ?

Tous ceux qui se plaignent d'une *guigne* persistante sont semblables à ces indolents pêcheurs.

Ils mentent inconsciemment, mais ils mentent quand même en soutenant qu'ils n'ont jamais connu la veine.

Il n'est pas d'existence complètement dénuée de joie, de même qu'il n'en n'est pas dans lesquelles le bonheur n'ait jamais fait son apparition.

Il s'agit simplement d'imiter le pêcheur, d'attendre le moment où l'embarquement est possible et de ne pas manquer la minute précise où le vent calmé assure la sécurité du départ.

L'activité ensuite, le discernement et la patience viendront concourir aux succès et à l'abondance de la pêche.

Il y aura certes des jours où les filets s'empliront moins facilement ; il y en aura d'autres où la récolte du fretin dépassera celle des poissons plus importants, mais il y aura des expéditions dont les pêcheurs triomphants reviendront avec leur barque pleine et l'aubaine pourra nourrir la famille pendant longtemps.

La veine et la déveine, dans la vie de tout homme pondéré, doivent arriver à se compenser, quant à la multiplicité des manifestations.

C'est à celui qui sait se diriger d'éviter les coups trop directs de la seconde, tout en faisant rendre à la première tout ce qu'elle peut donner.

Il est bon de songer à la parabole des vaches grasses et des vaches maigres et d'emplir son grenier pendant les moments de veine afin de pouvoir braver les jours de disette.

Il arrive encore que la veine se montre aussitôt après la guigne, la corrigeant magistralement et faisant bénir le hasard mauvais dont elle est issue.

Un homme très vieux, n'ayant que des parents éloignés, s'était résolu un jour à tester en faveur du fils d'un de ses amis, dont il avait apprécié les heureuses qualités.

Se sentant souffrant, il pria le jeune homme d'amener le notaire dès le lendemain matin, afin qu'il pût rédiger son testament dans une forme inattaquable.

On peut juger quelle fut la douleur du futur héritier, lorsque s'étant présenté dès le jour suivant en compagnie de l'officier ministériel, il se vit refuser l'entrée de la maison par un parent hargneux, qui l'avisa de la vanité de sa démarche, en même temps qu'il lui annonçait la mort subite de l'homme qui avait résolu de l'enrichir.

La loi ne pouvant escompter une intention, si formelle soit-elle, force lui fut de s'en retourner en proie à la double douleur causée par la perte de son ami et la déception cruelle qui l'atteignait.

Il est incontestable qu'il pourrait se considérer comme une victime de la déveine et que bien d'autres à sa place se fussent laissés abattre par ce coup terrible.

Mais ce jeune garçon était plein d'énergie ; renonçant brusquement aux espoirs caressés il partit vers le pays de l'or.

La veine qui s'était dérobée à lui il la retrouva sous forme d'un filon aurifère et s'inspirant des principes que nous avons développés, il mit tout en œuvre pour multiplier ces aubaines.

Après plusieurs années de dur labeur, intelligemment soutenu, il revenait au pays, riche d'une fortune qu'il ne devait qu'à lui-même, à sa volonté et à ses efforts.

Pendant ce temps les héritiers, après avoir géré pendant un ou deux ans les biens qui leur

étaient échus en partage et dont la plus grande
partie se composait de vignobles, avaient eu à
soutenir une lutte désastreuse contre le fléau
du phylloxera.

Les revenus qu'ils avaient hérités du mort,
leurs propres derniers ensuite, enfin tout leur
avoir y passa en pure perte.

Les ceps dévastés par la maladie ne produi-
saient plus rien et la ruine des héritiers était complète lorsque le voyageur rentra au pays natal.

Il eut alors à bénir la déveine qui l'avait dé-
barrassé d'une fortune illusoire pour le forcer
à en conquérir une véritable.

Si ce qu'il qualifia naguère de sombre déveine
ne s'était pas produit, si la mort n'était point
venue interrompre le généreux mouvement du
testateur, c'est lui qui se trouverait maintenant
ruiné, à un âge où les tentatives audacieuses
pareilles à celle qui l'avait enrichi ne sont plus
guère de saison.

Nous voyons tous les jours des exemples de
ces hasards malencontreux qu'il faudrait quali-
fier de réelle veine si l'on pouvait se douter des
conséquences qu'ils doivent engendrer.

Une femme misérable tenant son enfant par
la main est happée par une automobile et cruel-
lement blessée. Cette déveine pourtant fut pour
ces pauvres gens le point de départ de la prospérité, car l'auteur de l'accident, conscient de son
devoir, la fit soigner et, séduit par la gentil-

lesse de l'enfant, s'occupa de son futur établissement et du bien-être de toute la famille.

Tel peintre renommé a dû sa fortune à la ruine de ses parents qui, tant qu'ils possédaient leur petit avoir, lui défendaient de s'occuper d'un art qu'ils considéraient comme inutile, car ils destinaient leur fils à la situation d'employé de bureau.

On composerait une liste interminable si l'on voulait citer tous les cas où la veine s'est manifestée sous forme de hasard mauvais.

Les faibles ne manquent pas, lors de pareilles circonstances, de se récréer sur le malheur qui les accable.

Ils décrivent la déveine sous les traits d'une personnalité méchante, occupée seulement à les faire souffrir.

Et qui pis est, ils sont persuadés de ce qu'ils avancent.

Ils se déclarent maudits et proclament hautement la vanité de leurs entreprises futures.

Quelques insouciants, voulant excuser vis-à-vis d'eux-mêmes la haine de l'effort qui les maintient dans l'indolence, feignent de croire à la fatalité : « La veine viendra quand même, disent-ils, si elle *doit* se montrer ; mais si c'est la déveine qui *doit* constamment nous poursuivre, à quoi bon entamer une lutte dans laquelle nous sommes vaincus d'avance ?

Le procédé leur semble commode pour excu-

ser le néant de leur volonté et ils répètent volontiers le vers célèbre :

   Aux petits des oiseaux il donne la pâture.

Mais l'observateur, tout en rendant hommage
à la noble pensée du grand poète, ne manque pas
de remarquer que la couvée est presque toujours
détruite lorsque les parents ne peuvent plus sub-
venir aux besoins des petits affamés.

Et il en conclut qu'il est bon d'aider la Pro-
vidence, soit qu'on se la représente sous l'aspect divin ou sous celui du hasard.

Aussi s'empresse-t-il de guetter la chance au
lieu de s'enlizer dans l'apathie en calomniant la
veine et en négligeant d'apercevoir les possibilités qui auraient pu lui échoir.

Il n'imitera jamais ceux qui reprochent à cette
bienheureuse entité de n'avoir pas attendu leur
caprice et de s'être dérobée au moment où il
leur semblait opportun de la rechercher.

Ceux-là manqueront toujours l'heure du flux ;
jamais ils ne parviendront à s'embarquer pour
les expéditions fructueuses et ils couleront leurs
jours dans la rancune et les regrets.

Les hommes avisés, au contraire, ceux qui se
font une loi de dédaigner l'indolence et mettent
tout en œuvre pour atteindre le but entrevu,
s'armeront, suivant les circonstances, d'énergie,
de patience, de fermeté ou de douceur.

Pleins de cette foi, dont il a été dit qu'elle soulevait les montagnes, ils attendront l'heure de la veine, sachant qu'elle vient toujours et qu'il n'est pas un mortel qui ne se soit trouvé un jour à portée de ses bienfaits.

Ils n'ignorent pas non plus que si les agents ordinaires de la déveine se nomment : veulerie et indécision, les facteurs les plus actifs de la veine sont symbolisés sous les traits de la confiance, de l'énergie, de la patience et de l'activité.

TABLE DES MATIÈRES

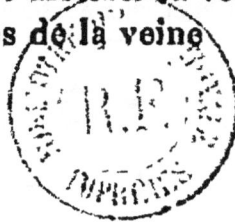

www.ingramcontent.com/pod-product-compliance
Lightning Source LLC
Chambersburg PA
CBHW071952110426
42744CB00030B/1062